Helmut Heißenbüttel:
Den Blick öffnen auf das, was offen bleibt
Lesebuch

Herausgegeben von Renate Kuhn

Klett-Cotta
im
Deutschen
Taschenbuch
Verlag

dtv

Originalausgabe
Juni 1986
Deutscher Taschenbuch Verlag GmbH & Co. KG,
München
Mit freundlicher Genehmigung der
Ernst Klett Verlage GmbH u. Co. KG, Stuttgart

Umschlaggestaltung: Celestino Piatti
Umschlagbild: Helmut Heißenbüttel
Gesamtherstellung: C. H. Beck'sche Buchdruckerei,
Nördlingen
Printed in Germany · ISBN 3-423-10579-8

Das Buch

Günter Kunert sagte einmal über Helmut Heißenbüttel, er sei kein intellektueller Pop-Artist, Sprachlaborant, experimenteller Lyriker, Avantgardist, wie immer behauptet werde, sondern ein Realist, der sich kritisch und in Notwehr mit einer aggressiv-regressiven gesellschaftlichen Wirklichkeit auseinandersetze. Jörg Drews entdeckte »ein neues Niveau des Nachdenkens über Literatur« in Heißenbüttels Werk, das Zeugnis ablege von der Möglichkeit, ja Notwendigkeit, ganz neue Sprachansätze zu finden. An Heißenbüttel erweist sich, wie trefflich sprachliches Experiment, stilistische Anmut und literarischer Neuansatz mit einer kritisch-ironischen Wirklichkeitsbeobachtung zusammengehen können. Die Zeit mit ihren Zitaten erfassen – das ist eines seiner Hauptanliegen. In diesem Lesebuch sind Texte aus dem literarischen Werk Helmut Heißenbüttels zusammengestellt, die Gelegenheit geben, sich ein Bild von diesem viel diskutierten Protagonisten der literarischen Avantgarde in der Bundesrepublik zu machen.

Der Autor

Helmut Heißenbüttel wurde am 21. Juni 1921 in Rüstringen/Wilhelmshaven geboren, studierte Architektur, Germanistik und Kunstgeschichte, war einige Jahre Lektor und von 1959 bis 1981 Leiter der Abteilung »Radio-Essay« beim Süddeutschen Rundfunk in Stuttgart. Lebt heute in Borsfleth. Einige Werke: ›Kombinationen‹ (1954), ›Topographien‹ (1956), ›Das Durchhauen des Kohlhaupts‹ (1974), ›Textbuch 1–6‹ (1970; 1980), ›Wenn Adolf Hitler den Krieg nicht gewonnen hätte‹ (1979), ›Die Goldene Kuppel des Comes Arbogast‹ (1980), ›Ödipuskomplex made in Germany‹ (1981), ›Textbuch 8‹ (1985), ›Textbuch 9‹ (1986), Gedichte und Prosa; ›D'Alemberts Ende‹ (1970), Roman; ›Zur Tradition der Moderne‹ (1972), ›Von fliegenden Fröschen, libidinösen Epen, vaterländischen Romanen, Sprechblasen und Ohrwürmern‹ (1982), Essays.

bruchstück 1 das sagbare sagen einsätze in erwartung des roten flecks hinterm zaun politische grammatik evergreens gedicht über die übung zu sterben rücksprache in gebundener rede zusammensetzungen der mann der lesbisch wurde bremen wodu die zukunft des sozialismus quasiautobiographisch wahlverwandtschaften 23 nachtrag eichendorffs untergang linguistenherbst max und peter auf der freudenjagd rekonstruktion und nacherzählung eines plans hornvogelgeschichte landschaft mit wörtern seeufer oberhalb biel nachts zweitschriftgedicht einäugigenherbst baumherbst oktober mit eduard mörike gedicht von innenleben mit sigmund freud der zwischenfall im institut für psychohygiene versuch einer rekonstruktion

Bruchstück 1

Gedenk ich der Tage
da zu wissen mich alles dünkte
schleicht sich spöttisch Gelächter
durchs Ohr mir.
Aber seltsam traurig verwandeltes
wie aus Sehnsucht spöttisch.

Aufplatzend gleich der hingefallenen Frucht
und bitter duftend in die Süße seiner Reife
war das Herz.

Die Blüten des Fleisches
blühn weiß und kühl.
Wohin ach soll ich
vor dem Wahnsinn fliehn.

Zwischen den Bäumen schlägt der Pfau
sein Rad
und schreit.

das Sagbare sagen
das Erfahrbare erfahren
das Entscheidbare entscheiden
das Erreichbare erreichen
das Wiederholbare wiederholen
das Beendbare beenden

das nicht Sagbare
das nicht Erfahrbare
das nicht Entscheidbare
das nicht Erreichbare
das nicht Wiederholbare
das nicht Beendbare

das nicht Beendbare nicht beenden

Einsätze
(Ein Satz : Einsatz : Einsätze)

I

überall : immer und überall : je und je : morgens mittags und abends sogar im Büro : ein dies dies ist ein : wasfürein : wie am wenn auf oder in das heißt als was andersartiger als : und das was wenn nichts als dies und so fort : Fixierung fixiert : in der Lage ich man leit in genau ins man : chanisch chanisiert pfern : meta fern : Domizil mizivil zivil : ein Zel mir griffig mir greifend mir Kiel

II

Untergangsstraßen zu überqueren Gesicht das ein Kind gewesen zu sein so Schrägblick so : Letzblick blicklos : ich hab viel gesehn glänzt Ichhabvielgesehn wirklicher blaugrauer Rückformat Schrägformation außenschwarz Innenglanz Eigenglanz Spiegelform Ichhabvielgesehn : die Uhr zeigt Beispiel und auf und ab Beispiel und ja und nein Beispiel wenn Aufgang wenn Untergang Aufstieg wenn Abstieg wenn Eingehn wenn Übergehn milchblaue Flachformation fremd : fremd vor Flatterfigur Absolut : absolut Sprachgebrauch Spiegelform Ichhabvielgesehnichhabvielgesehn

III

Kenner die kennen erkennen die Kerne erkennen die Kerne auch nicht so : Sommerbillets : der Umkreis der Ausstrahlung knittert nicht sommert versommert entsommert sich : Entkerner erkennen garnichts Entkerner entkernen : die Krise des Geistes Essay : absolute Kombinatorik : Denkfäden Denkpfützen die absolute Kombinatorik phantastischt Phantastik Unermöglichbarkeit aufkommt : dazwischen : die aufkommt die Schönheit die aufläuft Mäander quer : quer die auflautet laut : laut dem

IV

schwarze Wand Dunkelfach Dunkelflach Schwarzfach Wand flach Flachtuch Flachfetzen Wortlefzen Wortstelzen Sprung : Sprung Sprünge im Zuën Zungensprung eingesprengt eingeschwemmt Haftsprung einzuspringen zerspringen zu entsprengen verlassen : verlassen alles Allesverlassenheit Schwarztusch Entsetzen : Denaturierung Exzeß : zungensprang zungenschloß zungenspliß spleißen zerspleißen zerschleißen zerschlissen zer : ver : ent : zer

V

Ton : Fingerton Fingertown Fingerland Händeland handlang langhändig eingehändigt eingehängt eingekrümmt Kreis beumkreist umzirkt Bezirk kreisend herum um bestimmte Kadenzen : erinnern an Kadenzen die gänzlich ganz : ganz und gar bar barhaupt überhaupt Ton : Ton : bestimmte Kadenzen erinnern an : Anerinnern Handerinnern handinnen danninnen darinnen Landschaft Handschaft handgeschafft haft : Ton : Ton Ton : tonhaft

VI

Leitlokomotive Erfahrung welche sich wie Erfahrung sich wie Erwartung : Leitmotivlokomotive : Erfahrung zu scheuen zu machen sich wie Erwartung benehmen : zu machen scheuen und wenn : wenn Lust : wenn Lust aufhört lustig sein : gehen wenn gehen : wenn Lust aufhört gängig sein oder einfach was dem was vorgeht vorangeht analoggeht und immer : zu sehr präpariert perplexiert persifliert : wenn Lust aufhört immerzu : Leitmotiv Kaufmotiv falls fallend Falsett : und schuf noch viel außer Suchen

VII

Gelblampe Lampenkreis offen sich offen und dann : umdunkelt : dunkelt um um das dunkle Rundume wie Gitter gegittert : offengittrig wie offen gemacht zu sehend gründend und das : dahinter das hintergegründete : Lampengelb Lichtschalter mich : mich Lichtschalter eingegittert aufgitternd mich lampenoffen : und dies : ja nun aufdenkend aufkümmernd dies ja nun aufgeblüht lampenblähn : dies ja nun lampenblühn : Blende mich lampengelb gilbend und dies ja : vergilbte

VIII

aus tief aber aus : denn : Dennfarbe Denngeschmack Denngefühl : Wort dies : denn Wort : unerlaubt unentlaubt Wortfigur Möglichkeit Schulterfleisch Lippenfleisch Wortlippenfleisch : tief aus : denn aus unsichtbar denn : Ersatzwort tiefdrinnen zu sagen : zu reden zu sprechen zu schwatzen zu quatschen : je jeweils je jemals : denn dies : Frist vorbeigewesen zu sein Frist abgefressen zu sein in : nicht nicht in : denn nichterlaubt nichtgeredt nichtgeraten : Thema nicht Thema aus tief Unthema aus tief aus : denn

In Erwartung des roten Flecks

Ich bin eine schwarze Gerade die sich vorwärts bewegt. Das was ich als das begreife was ich bin begreife ich als etwas das sich vorwärts bewegt schwarz ist gerade ist. Etwas das sich in einer bestimmten Richtung bewegt eine Bewegung deren Geschwindigkeit stetig aber nicht bekannt ist.

Ich bewege mich jetzt auf einen roten Fleck zu. Das was ich als das begreife was ich bin bewegt sich jetzt auf etwas zu was ich als den roten Fleck begreife. Ich habe zuerst nur Unruhe registriert das was ich als meine Geschwindigkeit begreife erschien als etwas das sich veränderte und ich geriet an das was ich jetzt als die Ausstrahlung des roten Flecks begreife.

Ich registriere das was ich die Unentschiedenheit zwischen Abwehr und Angezogensein nenne. Furcht und Hoffnung darum herum zu kommen. Und ich bin über nichts gewisser als darüber daß ich den Fleck durchkreuzen werde. Außerordentliches geschieht. Ich erkenne den Grund auf dem ich mich bewege. Dieser Grund gibt sich mir als Untergrund zu erkennen als etwas das reflektiert Wellen von Reflektiertem treffen mich. Engen mich ein offenbaren mich überdecken mich. Das von dem ich allein sagen kann: Jetzt oder jetzt nicht oder jetzt vielleicht.

Der rote Fleck strahlt. Das was ich als den roten Fleck begreife hat etwas das ich als seine Ausstrahlung begreife. Dies was ich als seine Ausstrahlung begreife drängt mich zu dem was ich die Spekulation über den roten Fleck nenne. Wie ist sein Umfang? Wie seine Figur? Kreisförmig elliptisch parabolisch amorph? Wie ein Wasserfleck wie ein geplatztes Geschoß? Ich weiß ja im Grunde nichts. Ich vertraue auf das was ich als das begreife was ich bin was ich als eine schwarze Gerade begreife als etwas das ich als unaufhaltsam als unwiderruflich begreife.

Wird es schnell gehn? Oder langsam? Werde ich in der Lage sein schnell zu sein oder langsam? Was werde ich empfinden wenn ich ihn kreuze? Werde ich soetwas wie Empfindungen haben wenn ich das zustandebringe was ich als das Durchkreuzen des roten Flecks begreife?

Während ich mich daraufzu bewege ist vielleicht diese Bewegung schon im Begriff aufzuhören. Erreiche ich das was ich als den roten Fleck begreife nie. Unerreichbares Ziel Annahme Hypothese Irrtum.

Ich stelle Fragen um für alle Fälle versorgt zu sein vorsorgliche Fragen abschirmende versichernde Fragen Selbstversicherungen. In Wirklichkeit bin ich (wie man sagt) gewiß zu erreichen was ich als etwas begreife das zu erreichen unvermeidlich ist. Vielleicht schon in unmittelbarer Nähe vielleicht schon eingetreten. Nur noch nicht fähig zu erkennen was bereits geschehn ist. In Wirklichkeit vergesse ich bereits manchmal den roten Fleck. Befinde ich mich schon jenseits. Auf der weißen geraden Bahn auf der nichts mehr sich ändert. Ist manchmal schon das was ich als den roten Fleck begreife hinter mir. Durchkreuzt von mir. Durchkreuzt von dem was ich als schwarz begreife als gerade als das was ich bin begreife.

Variante: annähernd Null. Nachdem der Aufstieg nicht gewußt hat wie weit er steigen würde. Nach dem Vergessen des mühsamen Gedächtnisses vom Anfang. Obwohl davon gesprochen wurde daß es Wellenförmiges gäbe. Unter Ausschluß dessen was man Möglichkeit nennt. Annähernd Null.

Je mehr annähernd Null desto langsamer. Die äußerste Langsamkeit schließlich wie ein dröhnender Sturz. Je mehr annähernd Null desto weiträumiger. Das Panorama selbst aber nur ein Scherenschnitt. Dringlicher die Frage. Die Frage die alles Verschiedene blendet. Und in die Ohren schrillt wie eine Kreuzung aus Autobremse und Dampfventil. Obwohl manchmal wie weggeschluckt. Und dann das Verschiedene dasteht förmlich nachmittagslichtig fest wie für diesen Moment von der Ewigkeit hergestellt.

Was ist der Inhalt von dem was ich Null nenne? Eine Sache die alles was hinkommt annulliert? Oder nur der Ort an dem das Reich der Positiven in das der Negativen wechselt? Beruhigend genug schließlich wenn gewiß sei daß alles dasselbe bleibe bis auf das Minus das allem vorgestellt sei statt des Plus. (Denn wer bemerkte dies Minus schließlich noch!)

Ich weiß nichts davon. Ich denke (z. B.) mit Schrecken daran daß es das Reich Jener gibt die man die Imaginären nennt. Die niemals selbst auftauchen sondern nur in ihrer Ableitungsform. Deren Reich dort ist wo es das gibt was es nicht gibt. Nichts mehr von mir vorhanden als das was früher einer als das letzte Vorhandene begriff (als eine Empfindung nur noch von Kälte und Finsternis).

Hinterm Zaun. Auch ein Platz: hinterm Zaun. Hinterm Zaun ist alles anders. Hinterm Zaun ist alles gleich. Geboren hinterm Zaun. Großgeworden hinterm Zaun. Verführt hinterm Zaun. Vergessen auch da. Glück und Leid oder wie man so sagt.

Vater Quartalssäufer magenkrank aber gutmütig. Mutter im Krieg durchgebrannt. Stiefmutter auch durchgebrannt kommt aber gelegentlich wieder. Tante verkrüppelt führt den Haushalt hat ein Baby. Bruder Schwester Stiefschwester und Tantenbaby. Arbeitslosensiedlung. Vorkrieg Krieg und Schwarzmarktzeit.

Laut Statistik ist der betroffene Personenkreis nicht höher als im entsprechenden vorangegangenen Zeitabschnitt. Es sei denn man nehme eine schwer zu kontrollierende Laxheit als Kriterium. Die Möglichkeit einer negativen Progression nicht ganz von der Hand zu weisen.

Mit 14 wie 30% der Mädchen in der Klasse vom Turnlehrer verführt: Nachhilfeunterricht. Dieser später von Favoritin reingelegt. Erste Arbeitsstelle in einer Molkerei. Ärger mit Dorfjungs: wenn du mit mehr als einem in den Wald gehst, denken die gleich du bist eine zum Probieren. Dann in einem Blumengeschäft in der Stadt. In Abwesenheit der Frau mit dem Mann: war ein netter Kerl aber der Laden gehörte der Alten. Weitere Stellen. Gewöhnt sich an mit Ehemännern zu schlafen. Grundsätze: nur wie ichs gelernt hab auf dem Rücken oder garnicht. Abenteuer mit einem Fahrradhändler der ihr Autofahren beibringt. Abenteuer mit einem Gerichtsreporter den sie in der Kneipe kennenlernt wo sie immer Kaffee trinkt: er erzählt mir immer was die Jungs machen die Dummheiten gemacht haben. Macht sie besoffen und will was mit ihr anstellen. Streit zwischen Kneipenwirt dick und 50 und Gerichtsreporter bei dem der Gerichtsreporter ko geht. Anschließend vom Wirt auf dem Sofa getröstet. Grundsätze: ich hab schon viele Freunde gehabt aber immer nur mit Liebe.

Pöbeln und lustig sein sich prügeln und sich wieder vertragen unfähig zu sehn was draus werden kann und immer das nächste beste drauf. Unbedenklich unbedacht und hinterher oh. Jedesmal ein bißchen mehr Aufbruch wegbrauchen. Alles geht gut aber dann geht es wieder garnicht gut. Auch hinterm Zaun gibt es Häuser und Wohnungen und Leute eine ganze komplette Soziologie.

Sonnabendsonntags mit den Jungs auf den Motorrädern: wenn ich eine Fünfhunderter höre werd ich schwach. Fester Freund: der Ärger war nur daß er alle kriegen konnte. Schwangerschaft Fehlgeburt Ferien bei Schwiegermutter. Wieder in Stellung. Neue Ehemänner. Neue Abenteuer. Neue Kloppereien. Schließlich selber durchgebrannt. Angeblich verheiratet zwei Kinder dick geworden.

Die Möglichkeit einer negativen Progression nicht ganz von der Hand zu weisen.

Politische Grammatik

Verfolger verfolgen die Verfolgten. Verfolgte aber werden Verfolger. Und weil Verfolgte Verfolger werden werden aus Verfolgten verfolgende Verfolgte und aus Verfolgern verfolgte Verfolger. Aus verfolgten Verfolgern aber werden wiederum Verfolger (verfolgende verfolgte Verfolger). Und aus verfolgenden Verfolgten werden wiederum Verfolgte (verfolgte verfolgende Verfolgte). Machen Verfolger Verfolgte. Machen verfolgende Verfolgte verfolgte Verfolger. Machen verfolgende verfolgte Verfolger verfolgte verfolgende Verfolgte. Und so ad infinitum.

Weder Verfolgte noch Nichtvervolgte verfolgen weder Verfolger noch Verfolgte. Sind weder Verfolger noch Nichtverfolger von Verfolgern wie Verfolgten. Weder Verfolgte noch Nichtverfolgte außerhalb des grammatischen Zirkels verfolgen das Verfolgen. Verfolgen das Verfolgen in Verfolgern wie Verfolgten. In verfolgten Verfolgern wie in verfolgenden Verfolgten. In verfolgenden verfolgten Verfolgern wie in verfolgten verfolgenden Verfolgten. Indem sie das Verfolgen verfolgen verfolgen sie auch das Nichtverfolgen (das Nichtverfolgen des Verfolgens). Weder Verfolgte noch Nichtverfolgte wären so die eigentlichen Verfolger.

Als Verfolger des Verfolgens in Verfolgern wie Nichtverfolgern werden sie verfolgt von Verfolgern wie Verfolgten. Als Verfolger des Nichtverfolgens des Verfolgens werden sie verfolgt von Nichtverfolgern wie Nichtverfolgten. Verfolger des Verfolgens und Nichtverfolgens wären sie die eigentlich Verfolgten. Nicht verfolgende Verfolgte und verfolgte Verfolger. Sondern Verfolger und Verfolgte zugleich.

Generalmusikdirektorjedenfalls

er hatte kein wie man so sagt gutes obwohl stets gesagt worden war er hätte eins doch es war eher soetwas wie eine Unfähigkeit sich und andere soetwas wie weder wider noch für soetwas wie eine nicht eigentlich Neigung weder gegen noch für Gebrauch von und immer wenn er sich selber von jemand sprach er ganz oder ganz allgemein wie man sollte man müßte man könnte wie daß man es nicht umgchen umgeben umgeben von anderer Möglichkeit jedenfalls infinitivisch oder jedenfalls eher und dieses eigentlich stets so stark daß jeder der mit ihm sich scheute jedenfalls nicht zu tun wie überhaupt dieses selbst als ähnlich weit über personalen Bereich hinaus und gerade deshalb war er auch nicht wie von den andern immer wieder behauptet wurde sondern breitete vielmehr sich wie man so sagt Unlust ganz selbstverständlich während sie sich im Positiven des sachlich Verläßlichen Kalkulatorischen und was war die Folge davon eine stets überhaupt geläufig eindeutige jedenfalls in der wie man so sagt ganzen Welt kein Subjekt sondern nur was man stets auf denselben mit sich vergleichbar und untereinander in Relationen und Divisionen bis zehnte und elfte Stelle wobei allerdings zwei Fehler unerkannt ja nicht mal einzusehn jedoch unumgänglich ja notwendig auch wenn aus bestimmten Verhaltensweisen nicht ohne und das war der Umstand daß stets die nächsten eine Spur leichter ja auch beweglicher fast charakterlos wie eine Sammlung von wenig ein wenig wie ein Ersatz woran sich manchmal zu weiden und das dann ebenso die da sich selber nicht niemand bekannte Vorstellung nämlich Vorstellung von anerkannt zweifellos zu zerstören fähig jedenfalls vorgestellt daß vergleichbare Fälle wo schließlich dann doch alles auf das eine das stets vermiedene jedenfalls niemals erkannte und ausgeschlossene reduziert

Krimi

wenn man etwa so wie bei dieser wenn man etwa so wie von dieser vorausgesetzt daß man dazu neigt für was aus was das für sich ganz als das was erscheint d. h. erscheint als was an das man verschieden und natürlich auch ganz anders und vielleicht sogar einander entgegengesetzt d. h. wenn immer man was wovon man ohne besonders oder vielleicht sehr vage undeutlich mit gleich vage zusammenhanglos zusammen und so zwischen dem was wenigstens doch syntaktisch und was man nicht und syntaktisch nicht eindeutig sondern eben nur so hin und her Kennmarken Fakten Würfelspiel eine merkwürdig bewegliche Tendenz bestimmten Falllöchern Mustern zu als ob grade dies die was immer als Irrtum die Position sodaß aus dem merkwürdig ruckweisen wie als handle es sich um ein wie mit ruckweisen Menschen ohne daß man natürlich je dabei die daß es wirklich irgendwo und an einer ganz bestimmten denn wie sollte es anders möglich sein da nur so und indem man nicht nachläßt an Wahrheit wie anders sollte man sonst das Bedürfnis die einzelnen die die einzeln zusammen zusammenzusammeln wobei erklären heißt immer nur etwas mit etwas und dann so weiter zusammenzusammeln wobei der Wechsel des vorerst Erreichbaren nichts als eine Art Unzufriedenheit oder auch nur die Folge davon die immer wieder erwacht immer sicherer daß es dies einfürallemal einfürallemal das was dann vielleicht wirklich die Wahrheit nicht sehend vergessend schon wieviele vorige Fallöcher Muster bereits davon und auf eigene Faust ein eigenes unkontrolliertes unkontrollierbares und voll neu nicht gesehener irrender usw.

Plakattheorie

daß sie was sie sagen sie mögen es auch möchten oder nicht möchten oder immer erst währenddem sich entschließen d. h. garnicht entschließen sondern sozusagen entschließen lassen oder entschlossen werden und dann was sie garnicht mögen möchten oder was sie nicht mögen möchten aber immer was mögen wollen denn das wolln sie ja nichts andres als das das grade ist ja die Gier Unvernunft Besinnungslosigkeit daß sie immer was mögen möchten um jeden oder um garkeinen Preis ganz egal was sonst noch oder was eigentlich und wenn auch was was sie garnicht möchten aber sie möchten es eben und es ist dieses Drängeln Draufreinfallen plus Übersohrgehaunwordensein auch wenn sies nicht mögen d. h. daß sie mögen möchten was sie dann nicht mögen und auch nicht möchten weil sie nicht mögen möchten daß sie es möchten und dann denn doch weil es möglich ist daß sies möglich finden weil auf der andern Seite mit solcher Gier Unvernunft Besinnungslosigkeit drauf aus und nichts andres als mögen mögen es mögen mögen und möglich finden und so mögen sie tatsächlich nicht was sic mögen obwohl es möglich ist daß sie es möchten wenn nicht möglicherweise sowieso aber mögen tun sie es letztenendes auf alle Fälle

oder vielleicht sollte man sagen daß sie immer wert drauf legen daß wert drauf gelegt wird und wo wert drauf gelegt wird das ist das wo sie wert drauf legen denn eben auf dies wertdrauflegen wo wert darauf gelegt wird wird wert drauf gelegt und einer der wert drauf legt garnicht dazu kommt auf was wert zu legen auf was kein wert gelegt wird obwohl er immer im guten und schlechten Glauben bleiben wird dies getan zu haben sondern dadurch daß jemand überhaupt wert drauf legt daß wert drauf gelegt wird legt er auch immer schon wert auf was auf was wert gelegt wird obwohl natürlich alle die wert drauf legen daß wert drauf gelegt wird wert drauf legen daß das freie Meinung ist

unter einem Regenschirm am Abend

manchmal vielleicht momentan manchmal aber nicht immer nicht unbedenklich unbeirrt wie es scheint ein vollkommen eingerichtetes aus jenem und allem und allem versetzbar verfügbar denn etwas anderes gibt es nicht momentan aber werden länger vielleicht gegenüber vielleicht dann hintenrum kommt herein ist drin nun nicht mehr nun noch weniger bleibt wie oder wie Schatten wie Färbung Färbung die nicht wie etwas dazu oder rein sondern wie da immer schon drin aber als dieses eben erst nun für immer hervorgekrochen hervorgezottelt während drauf oder dran dieses gibt es nicht gibt es nicht und doch während drauf oder dran eben das was und vielleicht um darauf zurückzukommen denn wer drauf zurückkommt so sagen sie ist zu zu denn wer drauf zurückkommt sagen sie gerade das sagen sie gerade das was nicht schon sagen sie was nicht schon deutlicher sagen sie und nicht deutlicher deutlich deutlich vielleicht sogar manchmal so deutlich so deutlich wie vielleicht jemand jemanden nicht irgendjemand nicht jemand wie jemand irgendwelchen sondern wo um das hinzuzufügen wobei hinzu schon etwas zu zu das nie und nimmer wenn man das sagen kann aber das sagen sie ja in Wirklichkeit usw. vielleicht einmal einer ganz einer und außerdem garnichts außerdem sondern ebenso wie ein Regenschirm zwischen Taubenflügeln ein Regenschirm zwischen Taubenflügeln und es regnet ein Regenschirm zwischen Taubenflügeln und es regnet und die Sonne scheint ein Regenschirm zwischen Taubenflügeln und es regnet und die Sonne scheint und glänzt glänzt deutlich ein Regenschirm zwischen Taubenflügeln und es regnet und die Sonne scheint und glänzt glänzt deutlich und weg ganz und gar weg ganz deutlich ganz weg und ganz deutlich ganz und gar deutlich und weg

oder die gesunde Scham

an das man nicht nicht etwas weil nicht oder gar garnicht sondern etwa wie im Halbschlaf wie was was nicht ganz genau und später das wieder und daß was nicht was und plötzlich dasselbe nocheinmal gleich wieder und dann daß was nicht was nicht was sondern wie wie ein Band wie was quer oder diagonal durchwachsen oder steil geradezu Baum Baumstamm Baumstämme Wald Waldweg Waldgeruch oder auch ganz anders sonst Zusammensetzung von Aufmerksamkeit auf verändert veränderlich verhindert verheimlicht Beugung Völle Behaarung Kehlring Achselsehn Ohrlapp Abspreizfähigkeit oder nur so ein oder so aber geradeeben ja nicht geradeeben variabel sondern gewiß und obwohl das nun nicht geradezu bzw. erst währenddem und nun eigentlich ohne Unterbrechung Anspreizfähigkeit Ohrlapp Achselsehn Kehlring Behaarung voll Beugung garnicht vorzustellen auch bzw. eine und gerade diese bestimmte Stelle vorstellen Vorstellung Stellung was fürne Stellung ganz genau anfangen angefangen und auch wieder aufgehört Anfang aufgehört gehört auf gefangen gehört genau das Beugung Völle Behaarung Ocker plus Blauweiß plus kraus plus hautglatt dezimetergefaltet plus jenem nun endlich langsam zwischen den Oberschenkeln durchgezogenen mageren ockernen

Bodenseefelche

ist das das ist die Frage ob schon drumrum heißt in was drin oder doch oder nicht an was ran oder ist das die Frage ob in was drin das ist als was an was ran oder um was drumrum oder ob an was ran nicht immer wie was oder ob man eventuell überhaupt sagen muß daß drin auch daß überhaupt und das wäre was was man in keinem ob man nun oder und das ist die Frage ob man nun ran rum drin in bestimmter Reihenfolge denn das ist natürlich die weitverbreitetste ja ist vielleicht sogar die die diese Sache und die es schon lange gegeben hat doch auf der andern Seite gerade das was es und schon lange ist nicht die Frage sondern die Frage nun wenn mans so sieht was zusammen und ob man eventuell auch daß das schon eine Art von oder überhaupt und so weiter oder daß das nur eine oder umgekehrt wobei die Frage ob das die Frage oder ob vielmehr wenn man redet eben nur eine Rede und daß wenn man ran man drum man drin oder immer d. h. nicht ganz dasselbe sondern ein bißchen anders denn sonst wärs ja langweilig und wenn man zum Beispiel mit dem da anfängt ist das noch garnicht oder jedenfalls nicht ganz und so hin und her und die Frage ist wie man nun sowas wenn man garnichts und noch nicht mal annimmt daß eine Hauptsache sondern immer nur zwischen oder wenn eins die Hauptsache eben nur so nur zum Anhören weil nämlich das und das und das doch dasselbe aber verschieden dasselbe denn sonst wärs ja langweilig und deshalb auch immer schon drin

Doomsday

eigentlich war es genausoein kleines dreckiges Nest und der Witz besteht einfach darin daß sies nicht anders wissen und da war ist weg war da ist weg usw. bzw. hängt auch vom Verhalten und nicht nur von einer wie man so sagt des Vertrauens während gerade bei dieser Gelegenheit diejenigen welche bescheid oder sachverständig hope that emerging awareness will save from Doomsday presenting some sound suggestions überzeugt von der Überzeugung denn übertreiben tun sie ja immer eingebildet wie eine Permeabilität dieser umgekehrt gleichsam Inversen denn gerade das machte alles genauso miserabel wie das nicht der Fall sein brauchte wenns wenigstens einmal aber das tat es nie und wer hat auch schließlich nicht einen im am oder so ähnlich jedenfalls wie mitten in einem Gespräch mit einem Fahrrad als ob nicht dann doch als ob nicht die kahl grau oder was sonst die Morgensonne erinnert und man erinnert nicht wann wie z. B. wofür was zu tun und was tun sie nun Rückgriff auf Rückgriff das alles war ja bei Licht besehn garnicht als was es heute wieder von diesen die hätten bestimmt und die Photos sind ja noch alle und selbst wenn das nicht ist das auch noch keine Entschuldigung sondern einfach die Tatsache daß und nichts mit und auch später nicht und überhaupt nicht denn eigentlich war genausoein in Wirklichkeit einfach

Staatsbegräbnis

heißt was unterscheiden was von was und jemanden von jemandem oder einfach nur daß es kommt drauf an und wie macht man das unterscheiden unterscheiden was ist oder so oder soso oder ganz was andres Einzelheiten von Einzelheiten Einzelleichen von Leichenhaufen Leichen von Toten registrierte von verscharrten und ein Staatsbegräbnis Tote und Tote und noch ein Toter die Gestorbenen eines Jahres und die Todesopfer einer Katastrophe Opfer des Regimes und Vernichtungslager stückweise fuderweise und ein Staatsbegräbnis einer den jeder gekannt hat und viele die keiner keiner von denen jedenfalls aber doch gewußt nicht gewußt unbewußt unwissend sozusagen oder schließlich von einer sich selbst unerhörten Ahnungslosigkeit und ein nationaler Held solche nämlich und noch welche und solche welche und welche welche und solche welche solche und solche welche solche welche und ein Staatsbegräbnis und ein nationaler Held denn die Leiche der Leiche die Leichen der Leichen Leichen Leichen oder Leichen überhaupt Opfer der Bewegung Verkehrsopfer Kriegsopferversorgung Opfermut und ein nationaler Held Leichenfledderer und Leichenbegängnisse und Leichengeruch und ein Staatsbegräbnis Leichenfledderer und Leichenbegängnisse und Leichengeruch und ein Staatsbegräbnis und ein nationaler Held

Gedicht über die Übung zu sterben

Holzrauch über Heslach blendet Februarsonne Geräusch am
Bahndamm Zuruf Echoschritt Musterlandschaft veraltet
Gittertext quer überlegt nachdrücklich nachdenklich nachlässig
nachzüglich und anzüglich der Appetit ist wash'n wear
Bleiwand Glanzspur afterrain in den Sommerhöhlen chinesisch
altdeutscher Tages und Waldlandschaft alter Bahnhof zweite Station
langfristig langmütig langsam allmählich das Gesicht des
Vaters hat Löcher Lochfeld backsteinbraun Fensterläden
und Perspektiven weiß nachmittags Blauabstufungen
flachtreppig Treppe der Ebene Windmeer in sonntagnachmittags

Gesprächsfortsetzung versteckt und verstrickt und verstrickt in
IN WELCHEN VERHÄLTNISSEN SONST MEIN TREIBEN
ZU VIELEM WAS SONST HIER GILT UND IST UND
NICHT GILT UND GILT UND NICHTS IST UND WIE SICH
DIESER ZUSTAND SONST IN SICH SELBER BEFINDE
DARÜBER WÄRE WOHL VIEL DENN UNSER WESEN HAT HIER
DEN VORTEIL IN SEINER WEITLÄUFIGKEIT DAVON BERÜHRT
ZU WERDEN MEIST NUR WENN MAN LUST HAT ES VON SICH
SO ZIEMLICH Querlicht Querlicht Lichtklöppel schräg abends
alter Bahnhof Klöppelmuster Station Pantomime Schattenball

gitterdunkel die kegelförmigen Hinterteile der talab
Mäander Gleitkufen ins Vage und auf den Treppen die
Zukunft von nach weder weder esistsehrschade
undestutmirsehrleid aberesistdochso
wirlebenineinermerkwürdigen
wissensiesagichimmer esistnichtgut
dasistlustigsagichimmer dasistschrecklich

irrsinnigkomischoderwie
das langsam geblähte rote Tuch eben erst eingelöster
Erfahrung Direktgespräch Operationen weit von der Basis

americans in trains Bleiglanz auf der Limmat gleichmäßige
Verteilung von Licht Figur Geräusch Wasserglock
Leuteschaum
Schneewind Steingesicht Efeurhomb Glanzknot
Mövenflugornament
oberhalb strandend an einem Ufer aus abendlich aufeinander
getürmt Gespräch das nicht Sicherung und Mussorgsky
gespielt von
Sviatoslav Richter Partner die fröhlich einander
verständlich
ohne je selbst ins Auge das die Tendenz zu weit Ortsfremde
sowieso triumphierend über den Torso des weiblichen
Rückens
blasses Licht aber angenehm und IN WELCHEN
VERHÄLTNISSEN
SONST MEIN TREIBEN ZU VIELEM WAS SONST HIER GILT UND

IST UND NICHT GILT UND GILT UND NICHTS IST UND WIE
SICH DIESER ZUSTAND SONST IN SICH SELBER BEFINDE
DARÜBER WÄRE WOHL VIEL DENN UNSER WESEN HAT HIER
DEN VORTEIL IN SEINER WEITLÄUFIGKEIT DAVON BERÜHRT
ZU WERDEN MEIST NUR WENN MAN LUST HAT ES VON SICH
SO ZIEMLICH Schräghandgeruch Wurzelhand hin und her
waagrecht Lupinengelb zwischen Gitterhand Strichketten
Gestäng
schattenschuppig Küste indrin und eine Schwierigkeit
kommt von hinten und geht nie mehr weg Grenzriß
weißrasch
wütend bewischt vorüber die Silhouette die weggedreht
plötzlich

sekundenrasch leuchtend wasserflach Dachwellen
überholend
Dunkel Bleiglanz auf der Alster bahnsteigkahl fremde
Stimme
bekannt die unvermeidlich vorauszusehende nie vermutete
Lösung des endlich sich über sich selber Abzieh Abzog

Thesaurus APERTIS THESAURIS PRETIOSA MUNERA
OBTULERUNT
sich ewig in dieser einzigen VIERUNDZWANZIGSTER MÄRZ 61
KUMMERNUS WILL HÄRTER WERDEN QUALITÄTSOBST
GUT GEFRAGT AUCH BEI DEGUSSA NUR GERINGE
AUFWERTUNGSVERLUSTE WÖCHENTLICH ZWO KOMMA
SECHS MILLIARDEN STUNDEN BETRÄCHTLICHE

ÜBEREINKUNFT ERZIELT BERICHTE AUS MOSKAU
JETZT OHNE ZENSUR wirlebenineinermerkwürdigen
knallhartrotztrocken sozialerotischoderwie
einschlechtespolitischesoderwie
kulturdiewirhaben
dasistlustigsagichimmer dasistschrecklich
aberichkannmichjadochnichtoder
Kinderstimmen im Regen schlechte Nacht und der
unaufhaltsame
Schritt vor Schritt Regenschräge sich einverstanden erklärt
Unfallwagen Schock streckenweise ganz unbedenklich und

außerhalb dessen was unaufhörlich weiß weißer Schatten
auf einer schwarzen Unendlichkeit alles dessen Durchgang
durchs
Repertoire in sich selber zurückgeschlagene Stimme
manchmal
aus unbeweglichem Auge seitlich die völlig vollkommene
Verwirrung SO VIELER LASTER GIFFT
TIEFF IN DEN NIEREN KENNET BISS
AN DAS SCHEITELBEIN NICHTS ALS EIN
HÖLLEN-AASS BORN IN SUBJECTION TO ONE GREAT
IMMUTABLE PREEXISTENT LAW BY WHICH WE ARE KNIT
IN THE ETERNAL FRAME OF THE QUIA SIC NOSTRA

COMPLERENT unten tief flach es stimmt und es stimmt
nicht niedergeschlagen liegt lügt steht auf weit zurück
abends
und immer noch ein halbzu halbunzu halb nicht halb
Eingeschlafener
welcher gestern noch oder wann auch immer DER GROSSE
PAN
IST TODT MIT DIESEN WORTEN RUFFTE EINE HEFFTIGE

STIMME VON DEM EYLANDE PRAXIS DENN DIE
UMWELTBEDINGUNGEN WELCHE DEM NERVENSYSTEM
INADÄQUAT BEWIRKTEN EINE ART MASSENWAHN
WIE VOM WAHNSINN SONDERLICH DA EINE UNGEMEIN
MEER-STILLE EINMAL DIE EINGESCHLAGENE RICHTUNG
ALS EIN ERBÄRMLICHES GESCHREY VIELER TAUSEND WEH
KLAGENDEN IN SCHLUCHTEN IM FEUER ODER AUCH IM MEER
UMZUKOMMEN ruckhaft wechselnde Lichter Lichterketten
Lichtgeschwindigkeit Nachtzüge Hoffnung nach Hause zu kommen und
langsam sich gegeneinander verschiebende einzelne schwarze
Figuren hoch schattenbeinig auf einer begrenzten leeren Fläche
wippende Kugelgelenke pausenlos umeinander gerollt
Lichtkreisel klatschend huschend sich sträubend Schattenkluster
wegwehend gebündelt Schattenklöppel und eine einzelne flache
quadratische Form schreit tief tief pulsend entpulste Schwärze

die flachen Platanen ONE DAY I WOULD DIE AND THE WORLD
WOULD BE BENEFITTED WIE DENN IMMER WIEDER
DER EINE WUNSCH NICHT AUS IRGENDEINER ROMANTISCHEN
ÜBERHEBUNG ODER SONST EINER PARADOXIE SONDERN NUR
UM SCHNELLER DORT WOHER ALLES AND THERE WAS ONLY
THE QUESTION WHY DID I LIVE AND WHAT COULD BE
THE REASON FOR EXISTENCE NONE AT ALL Schlieren von Kälte
an den Rändern gelocht Küsten aus weißen Schirmen dies
unerträglich in es selbst rückwärtsdringende Träume
vom Vater W'haven das letzte Mal eine unbekannte Nachbarin

legt im Traum ihre Finger um meinen Hals FICHTEN SEH ICH ZWEI
IHRE SCHWARZEN FLÜGEL esistsehr undestutmirsehrleid
aberesistdochsooder irrsinnigkomischoder
nur in gelegentlich vorübergehenden Augenblicken
im Halbschlaf besonders schlecht bei vollem

Bewußtsein ER DACHTE DIE ZUKUNFT UND DEN VERGANG
VOLL SEELENANGST VOR SEINEM GESICHTE
IN TRAURENDES DUNKEL IN SCHRECKLICHES SCHWERMUTH
SAH QUALEN GEHÄUFT AUF QUALEN ZUR EWIGKEIT
EINGEHN SCHON KAMEN AM ÄUSSERSTEN HIMMEL

DIE TODESENGEL SIE HIELTEN SCHWARZE WETTER EMPOR
UND SANGEN Schattenfleck weizenrot Glanzpelz Wolken wie
Tintoretto geschwärzter Zaun Teergeruch Grasgeruch Schattenloch
Blendstück querlichtgequollen flach auseinandergefranst flach
ineinander flach spiegelfleckig bemalt mit Wattegeräusch abends
gekippte Passagen esistsehr undestutmirsehr
Schattenloch weizenrot Glanzkanten
einzig und ewig und immer noch unbewohnter Balkon
dieses Neubaus passagenschwarz Glanz gewesen zu sein Lochtag
Loch Todesschock in der U-Bahn

Februar 1961 – Februar 1962

wenn denn in diesem ich des Unauffindbarn Spiegel
Entferntes spiegelnd Spiegelflucht Innerens Siegel
Verlassenheit von Heimwegwind durchtränkt versetzt
mit schweigenderer Stummheit schließlicher verletzt
des Wegseins Echo Stimme murmelnde Echo
der Jahre und des Ohrs sag ja sag nein Echo
ich geh in mir herum ein Zeichen sind wir fallend
oval gekrümmt Lackspur ins Ungehörte lallend
ein aufgeschwemmt dunkel und feucht glänzender Fleck
Erinnerung imaginär löschend und weg
geblendet wenig Farbe ausgetuscht querab
geschwemmter Schwerpunkt wieder abgeknickter Stab
von Spiegel überspült rücklings aufblickend unter-
gründig Welt wenn anders Welt invers stumm Wunder
ins Eingebildete gestanzt Allegorie
meinselbst Allegorie wie ohne Fabel wie
eines Phantasten Phantasie der war da si-
multan auf vielsprachigem Grund Allegorie
Photo photovertraut Grundwolke meiner steckt
aufeinundineinander mundlos stumm Prospekt
durchscheinend abends immer Weg zusammen mit
dem spiegelzweiten Silberufer meinselbdritt
Orion entgegen nach Haus entfremdet Weg
Staffage Emotion Auftrumpfendens Beleg
des wieder wieder Halluzination und geil
nach jeder Sensation der Neuerscheinung weil

Zusammensetzungen

Die Zitate
aus denen diese Stücke
zusammengesetzt sind
stammen von
folgenden Autoren:

Antonin Artaud
Louis-Auguste Blanqui
Michel Butor
Ludwig Hohl
Franz Jung
Wassilij Kandinsky
Karl Marx
Mary McCarthy
Karl Radek
Wilhelm Reich
Arno Schmidt
Arnold Schönberg
Joseph A. Schumpeter
Fritz Sternberg
Ludwig Wittgenstein

1

seit vielen das ist nicht nicht nur nicht mein Motiv sondern sehr wohlauf wohlunter das ist nicht im Falle dieser ich habe das streng und immer verweigert obwohl ich Geschichten erzählen mit Rücksicht auf meine in das mag täuschen einer hat es vielleicht jetzt erfassen sie Prinzipielles wollen es aber ausgezeichnet so ist hier ein Chaos das ist nicht nur nicht eine babylonische gegen das und ein wahres und hoffenswertes im Falle dieser was würden sie erst zu der amüsier ich in der mich zu Tode obwohl das mag täuschen vielleicht etwas intelligenter jetzt als vor das ist nicht nur nicht mein obwohl man ja aus der Geschichte wie all das wollen es aber daß man trotzdem nicht auf hat es einer sein müssen keiner hat es sein wollen so habe ich mich dazu her

2

wer nicht zaubern kann nämlich Gebirge Felsgipfel in der Art von Mürtschenstöcken oder Dents de Lanfon schmalem Sockel entsteigend aber hoch und vor ihm auf ging das glänzende Gestirn des der ist verloren billigen leichten Stoffs zu verspäteten Sätzen the exit clearly visible to all trapped yet nobody seems to see it everybody knows where the exit yet nobody seems to make a move towards or whoever points toward it is declared crazy or criminal or a sinner to burn in hell kein anderer Wunsch als auf der Stelle erschossen werden es war auch nichts mehr zu beobachten als nur mich selbst das ist gewiß kein courage pas plus longtemps quelques semaines er findet die Nächte nicht schwarz genug er will sie auch noch si l'on pouvait seulement goûter son néant si l'on pouvait se bien reposer dans son néant et que ce néant ne soit pas une certaine sorte d'être mais ne soit pas tout à fait billigen Stoff zu verspäteten Sätzen

3

die meisten Schöpfungen des Verstandes und der Phantasie wo der Stümper ein undsoweiter hindenkt geht das mit Recht so genannte Problem ein Gespenst geht um die Geschichte aller bisherigen Gesellschaft ist die Geschichte von durch List oder durch Gewalt der gemeinsamen Erde und nachdem sie zu deren Besitzer sich durch Exploitation der Produktion und Konsumtion kosmopolitisch nach einer Frist die zwischen einer Stunde nach und einer Generation variieren in einer wichtigen Hinsicht ist der dem die Welt Abbildung aufgegeben nicht nur im Irrtum sondern in der Sünde verstrickt und die Perspektive der sich entwickelnden Weltrevolution in der Epoche der zu einem wesentlich sprachlos gewordenen wächst so die der Taktik Grundlage die Gewähr des Sieges die Sprachlosigkeit liegt in der Wiederholung der die werdende Tat die die Befreiung der Zukunft ist unbezweifelbar

4

gibt der Entwurf die Verwendung von Anregung in den gegebenen Werken so tief daß sie nur die toten Lehren mit großer Mühe so sind ihre Wirkungen dies an die äußere Grenze Herantreten ja ein gewisses Überschreiten als Material durch Ausstreichen nach dem Plan der in großzügiger Weise nicht die Fähigkeit Straße bloß durch die Glasscheibe sondern durch den Grad des Widerstandes die Verwandlung der materiellen Grundfläche des Sichindiestraßebegebens gibt durch die Gelegenheit zur Angst des Nichtwissens der der in sich viele Krankheiten des Verstandes bloß durch die Vergößerung des Zeitmaßes so auch in der Gesundheit des Verstandes Punkte und Fläche vom Wahnsinn Klang eines Klangs Wiederholung des Klangs Doppelklang Klang der Summe der Klänge

5

Schönheit ein unerklärter Begriff als Grundlage für ästhetische Unterscheidung ganz nutzlos und dasselbe gilt für das Gefühl sondern wird danach fragen ob der das festgehalten von dem er meinte daß kein anderer das Vorgehen nach der Regel registriert so erzeugt er dadurch neuen Begriff indem er neuen erzeugt überzeugt er von etwas in einer solchen wird Literatur etwas anderes ihr fällt eine neue Rolle zu mehrdeutigen Sätzen verbunden mehrdeutige Wörter die ordnen sich zu mehrdeutigen Geschichten and a plot even is indicated for the reader to piece together from clues dropped here and there innerhalb einer Umwandlung des Begriffs Literatur die nicht mehr nur als zur Entspannung oder als Luxus sondern im Inneren der und als gesellschaftlichen

der Mann der lesbisch wurde

ich wäre gern eine Frau
angenommen ich wäre eine Frau wäre ich dann nicht als die Frau die ich gern wäre gern ein Mann
angenommen ich wäre der Mann der ich gern als die Frau wäre die ich gern wäre wäre ich dann nicht als der Mann der ich als die Frau die ich gern wäre gern wäre gern eine Frau
angenommen ich wäre die Frau die ich gern als der Mann wäre der ich gern als die Frau wäre die ich gern wäre wäre ich dann nicht als die Frau die ich als der Mann der ich als die Frau die ich gern wäre gern wäre gern wäre gern ein Mann
angenommen ich wäre der Mann der ich gern als die Frau wäre die ich gern als der Mann wäre der ich gern als die Frau wäre die ich gern wäre wäre ich dann nicht als der Mann der ich als die Frau die ich als der Mann der ich als die Frau die ich gern wäre gern wäre gern wäre gern wäre gern eine Frau
angenommen ich wäre die Frau die ich gern als der Mann wäre der ich gern als die Frau wäre die ich gern als der Mann wäre der ich gern als die Frau wäre die ich gern wäre wäre ich dann nicht als die Frau die ich als der Mann der ich als die Frau die ich als der Mann der ich als die Frau die ich gern wäre gern wäre gern wäre gern wäre gern wäre gern ein Mann
angenommen ich wäre der Mann der ich gern als die Frau wäre die ich gern als der Mann wäre der ich gern als die Frau wäre die ich gern als der Mann wäre der ich gern als die Frau wäre die ich gern wäre wäre ich dann nicht als der Mann der ich als die Frau die ich als der Mann der ich als die Frau die ich als der Mann der ich als die Frau die ich gern wäre gern wäre gern wäre gern wäre gern wäre gern wäre

Bremen wodu

wodu
was
wodu
was
woduwarst
wo
duwarst
inBremennatürlich
under
undwas
warder
warderwas
wardermit
inBremen
wardermitinBremen
jaderwarmitinBremen
undsie
undwas
wardiemit
diewarauchmit
diewarauchmitinBremen
jadiewarauchmitinBremen

undda
unddawas
unddawartihrallezusammen
inBremen
unddawartihrallezusammeninBremen
janatürlich
inBremen
janatürlichwarenwirallezusammeninBremen
unddahabtihrdas
habenwirwas
obihrdasdagetanhabtmeinich
obwirdasdagetanhabenmeinstdu
obihrdasallezusammendagetanhabtmeinich
obwirdasallezusammendagetanhabenmeinstdu

obihrdasallezusammeninBremendagetanhabt
weißtdudasdennnicht
wasweißichnicht
daßwirdasda
daßihrdasdagetanhabt
jadaßwirdasallezusammendagetanhaben
allezusammen
jadahabenwirdasallezusammengetan
inBremen
jadahabenwirdasallezusammeninBremengetan

unddassokurzvorWeihnachten

niemand besitzt was
niemand beutet aus
niemand unterdrückt
niemand wird ausgebeutet
niemand wird unterdrückt
niemand gewinnt was
niemand verliert was
niemand ist Herr
niemand ist Sklave
niemand ist Vorgesetzter
niemand ist Untergebener
niemand ist einem was schuldig
niemand tut einem was

niemand besitzt nichts
niemand beutet niemand aus
niemand unterdrückt niemand
niemand wird von niemand ausgebeutet
niemand wird von niemand unterdrückt
niemand gewinnt nichts
niemand verliert nichts
niemand ist Herr von niemand
niemand ist Sklave von niemand
niemand ist niemands Vorgesetzter
niemand ist niemands Untergebener
niemand ist niemand was schuldig
niemand tut niemand was

alle besitzen alles
alle beuten alle aus
alle unterdrücken alle
alle werden von allen ausgebeutet
alle werden von allen unterdrückt
alle gewinnen alles
alle verlieren alles
alle sind Herr von allen
alle sind Sklave von allen

alle sind Vorgesetzter von allen
alle sind Untergebener von allen
alle sind allen alles schuldig
alle tun allen alles

alle besitzen nichts
alle beuten niemand aus
alle unterdrücken niemand
alle werden von niemand ausgebeutet
alle werden von niemand unterdrückt
alle gewinnen nichts
alle verlieren nichts
alle sind Herr von niemand
alle sind Sklave von niemand
alle sind niemands Vorgesetzter
alle sind niemands Untergebener
alle sind niemand nichts schuldig
alle tun niemand nichts

rückentwickelt plötzlich mitten nachmittags weltabgewendet plötzlich mithuhuten oktobernachmittags weltabgewendet plötzlich mitten sonnig oktobernachmittags weltabgewendet die Aktualität ist komplett abgeblätterte Türbemalung abgeblätterte Jahreszeit Wiesen von Martial Raysse Ansichtskarten von Martial Raysse echter gefälschter Rembrandt & indochinesische Pop-Art erkennbar an einer einzigen Drehung des Weißlicht überm Tal Weißlichtsonne blaue Sichtbarkeit blaugefärbt blaue

Überleitung farewell to Eden Ben Jonson & Christopher Marlowe taken care of Edith Sitwell taken care of Topsys & Turvys Hippels Lebensläufe nach aufsteigender Linie Konzert für 2 Orgeln von Padre Soler Lebensläufe nach aufsteigender Linie von Padre Soler taken care of Padre Soler farewell to Hippel farewell to Sitwell Konzert für 2 Orgeln nach aufsteigender Linie Lebensläufe nach aufsteigender Linie für 2 Orgeln etwas das sich lockert loslöst ablöst abspringt aufspringt aufleuchtet ver-

gessen an der Grenze des Kalkulierbaren geräuscharm wenig drüber hörts auf teefarben aufgeworfener Umkreis die Halblichtzone am Rand des Repetierbaren Überleitung zum nichtrationalisierbaren Rest blicklos Pin Pinup Pin gebeugte Hinterbacken eindringender Phallus Stillstand im Anblick der jahreszeitlichen Veränderung zwangslos &

ganz & gar mitteleuropäischer Uhrzeit schön ausbiegende Rundung der Beugung ausgebogene Rundung der schönen Beugung die Rundung der Beugung

der Schönheit gewesen war was zurückgefallen wie ein Liegestuhl rückwärts Eigenschaften gesammelt gesammelte Eigenschaften durch und durch reserviert verantwortungslos zögernder Konstitution rasch unentschlossen indifferent indiskret grenzenlos indiskret in Bezug auf mitzumachen neugierig übersichtlich übersehbar unübersehbar kombinatorisch unbegrenzt einsatzbereit für was er Familie über die Hügel geht die Beleuchtung der Zeit punktförmig nach innen historische Daten als Natur-

katastrophen senkrecht stehende Farben heute ist der letzte Tag es sieht aus wie und Brandung bis an den Horizont Lichter unter dem Mond das Gesicht im Dunkeln auftauchend & verschwindend die lange Reise das Gesicht im Dunkeln die lange Reise das Gesicht im Dunkeln Lichter unter dem Mond auftauchend & passierend & verschwindend glatt weich heiß klebrig zurückgefallen in was war gewesen oberste Kategorie rasch leicht langandauernd erkennbar an einer einzigen Drehung

der Stille Entschlüsse wie für den Rest des Lebens Silvester 65 23 Uhr 45 mitteleuropäischer Zeit nie ein eigenes Auto besessen oder autofahren gekonnt nie im Flugzeug geflogen nie Schlittschuh gelaufen außer im Traum nicht wieder rauchen keine Durchschläge machen immer höflich gewesen zu Schalterbeamten keine homosexuellen Erfahrungen gemacht nie mit einem Mädchen ins Bett das größer als ich oder rothaarig unentschlossen wer von ganz unten kommt kommt von ganz

unten ganz unten kommt Wind durch Bäume es schneit dunkelrot leuchten Tulpen Tulpenrand leuchtet dunkelrot Schweigen ausrollend Schrittpfifffußgeräusche hallende Hallen regendurchweicht aufs Gedächtnis der Sohle Gift abtropfend von meiner Schrägen Dinge über die Linie des Horizonts entlanggezogen senkrecht stehende Wolken à la Cézanne chinesische Windwolkenfläche übertag entrollt Stille Schweigen ausrollend senkrecht stehende Stille Lautsprecher Stille Tag einfaltend

Windwolkenfläche einfaltend à la Cézanne senkrecht stehende Stille I got a woman der steuerbegünstigte Zweck des Erwerbs eines Ehegatten just relax & have a good time rasch leicht langandauernd die Aktualität ist komplett rostfarben hinter halberleuchteter Gegend rostfarben hinter halberleuchteter Jahreszeit Geruch abgeernteter Johannisbeerbüsche er hat in menschenleeren Gegenden am meisten Lust über Sozialismus nachzudenken Sozialismus fällt ihm am leichtesten ein in men-

schenleeren Gegenden menschenleere Gegend macht Lust über Sozialismus nachzudenken über die Lust in menschenleeren Gegenden über Sozialismus nachzudenken der Zusammenhang zwischen Sozialismus und menschenleeren Gegenden ob einer das tut was alle tun sozial ist was alle tun daß einer das nicht tut was alle tun nach Maßgabe dessen wie alle mit allen der Sozialismus der menschenleeren Gegenden Zweithandanschauung Anschauung zweiten Grades straßenüberquerende Straßenbahn-

gleise windlos waagerecht davor schräg Gestricheltes Felsen Moos ein verlassener Badeplatz im Regen windlos gestrichelt schräg davor Waagerechtes auftauchend & passierend & verschwindend rückentwickelt was zu kommen nicht angekündigt & ist nicht noch kommt es noch wird es gekommen sein ein verlassenes Haus von ferne Figur noch immer nicht ausgetrockneter Vorstellung aufgefaltete Libido rasch leicht langandauernd während Wind in Apfelbäumen schwarz ist er hatte sich einver-

standen erklärt eingeborene Angst Angst nicht vor etwas er sagte ich habe mich einverstanden erklärt sich einverstanden erklärt zu haben es für unmöglich halten nicht einverstanden zu sein sprach davon sich nicht einverstanden erklärt zu haben nicht einverstanden zu sein Sucht drüber weggekommen zu sein überzeugt drüber weggekommen zu sein er hatte sich einverstanden erklärt nicht einverstanden zu sein ziegelstaubfarben plötzlich weltabgewendet die Aktualität ist komplett

teefarben Stanzform zwischen weißen Spiegeln Mitte Januar 66 vormittags teefarbene Schneedrift auf Tintenspiegeln blau gespiegelt auf zwiebelfarbene Fläche in Zeit einbohrend geöffnet Figuren am Boden the today anxieties can men find jobs can war be avoided can prosperity last can war find jobs can men find anxieties can prosperity be avoided melancholia Straßenbahn Liddeckel fallend Oberlippe geschlitzt Ziegeldachstimmen Geräusch der Ziegeldachstimmen Echo der Ziegeldachstimmengeräusche zu re-

petierende Situation mit dem Rücken zur Wand gegenüber auf dem Rücken liegend allein überhaupt vis-à-vis verwickelt in Sichtweite Abstand mitten in seiner Familie und sich entfernend aus einer größeren Menge vor dem Sturm rückwärts bewegte Möve unmittelbar nach der Katastrophe aber keine Erinnerung dran unauffällig unterwegs Zweithandanschauung Anschauung zweiten Grades Kanal & Blumengelände Blumenfarben Farbenkanäle kanaluferfarben Farben der Blumenuferkanäle in diesem

Eduard – so nennen wir einen Rundfunkredakteur im besten Mannesalter – Eduard hatte im D-Zug München-Hamburg (Ankunft Hauptbahnhof 21.19) die schönsten Stunden eines Julinachmittags (25. 7. 1968) zugebracht und betrachtete mit Vergnügen die Gegend zwischen Lüneburg und Harburg. In Hannover zugestiegen, von Kassel kommend, wo sie die internationale Kunstausstellung der 4. Documenta besucht hatte, war eine Kollegin vom Hamburger Fernsehen, die dort Filme über Themen der bildenden Kunst produzierte und die auch für das Ressort, das Eduard verwaltete (Kulturpolitik im Bayrischen Rundfunk), eben etwas über die Documenta schreiben wollte. Ihr Name war Ottilie Wildermuth. Sie saß ihm nun gegenüber, und sie unterhielten sich miteinander.

Da wir denn ungestört hier allein sind, sagte eben Eduard: und ganz ruhigen, heiteren Sinnes, so muß ich Ihnen gestehen, daß ich schon einige Zeit etwas auf dem Herzen habe, was ich Ihnen vertrauen muß und möchte, und nicht dazu kommen kann. Ich habe Ihnen so etwas angemerkt, versetzte Ottilie Wildermuth.

Und ich will nur gestehen, fuhr Eduard fort, wenn mich diese Reise nicht drängte, wenn ich mich nicht bis zur Ankunft entschließen müßte, ich hätte vielleicht weiter geschwiegen.

Was ist es denn? fragte Ottilie freundlich.

Es betrifft unseren Freund, den bekannten ortsansässigen Kunstkritiker, d'Alembert, Leonard, Lonnie, antwortete Eduard: Sie kennen die traurige Lage, in die er, wie so mancher andere, ohne sein Verschulden gesetzt ist. Wie schmerzlich muß es einem Manne von seinen Kenntnissen, seinen Talenten und Fertigkeiten sein, sich außer Tätigkeit zu sehen.

Das ist wohl zu überlegen und von mehr als einer Seite zu betrachten, versetzte Ottilie.

Meine Ansichten bin ich bereit mitzuteilen, entgegnete ihr Eduard: in seinem letzten Briefe herrscht ein stiller Ausdruck des tiefen Mißmutes; nicht daß es ihm an irgendeinem

Bedürfnis fehle, denn er weiß sich durchaus zu beschränken, und für das Notwendige ist ja gesorgt. Daß er geschäftlos ist, das ist eigentlich seine Qual. Das Vielfache, was er an sich ausgebildet hat, zu andrer Nutzen täglich und stündlich zu gebrauchen, ist ganz allein sein Vergnügen, ja seine Leidenschaft.

Ich dachte doch, sagte Ottilie, ihm wären von verschiedenen Orten Anerbietungen geschehen. Ich hatte selbst um seinetwillen mit manchen tätigen Freunden und Freundinnen gesprochen, und soviel ich weiß, blieb dies auch nicht ohne Wirkung.

Ganz recht, versetzte Eduard; aber selbst diese verschiedenen Gelegenheiten, diese Anerbietungen machen ihm neue Qual, neue Unruhe. Keines von den Verhältnissen ist ihm gemäß. Er soll nicht wirken, er soll sich aufopfern.

Es ist recht schön und liebenswürdig von Ihnen, versetzte Ottilie, daß Sie d'Alemberts Zustand mit soviel Teilnahme bedenken; allein erlauben Sie mir, Sie aufzufordern, auch Ihrer, auch unser zu gedenken.

Während die Bleistiftrohre der Abbrennkamine der Shell auftauchten mit sehr hellen, roten, geradestehenden Flammenzungen an der Spitze, Aufschriften sich vorüberschoben wie: Thörl oder Ford oder Phoenix-Gummi, Fernleitungsmasten mit vierfachen Querstreben, das Ausbesserungswerk Hamburg-Harburg, Pappeln am Seevekanal, blickten Eduard und Ottilie einander in die Augen und brachen in ein lautes und herzliches Gelächter aus.

Bienenbüttel ist die letzte Station vor Lüneburg (Eilzüge). Lüneburg ist die letzte Station vor Winsen/Luhe (ebenfalls Eilzüge). Lüneburg ist die letzte Station vor Harburg (D-Züge, nicht alle). Die letzte Station vor Harburg für Personenzüge ist Meckelfeld. Harburg ist die letzte Station vor Hamburg-Hauptbahnhof (D-Züge, nicht alle). Die letzte Station vor Hamburg-Hauptbahnhof für Eil- und Personenzüge ist Hamburg-Veddel. Hamburg-Hauptbahnhof ist die letzte Station vor Hamburg-Dammtor. Hamburg-Dammtor ist die letzte Station vor Hamburg-Altona (D-Züge und Personenzüge, nicht S-Bahn).

Harfen von Bäumen. Bäume über Giebeldreiecken. Landstraße in spitzem Winkel. Bardowick. Waldketten. Waldrükken hinter Weideland. Nickende Ölbohrgestelle. Bretterabtritt mit rostigem Blechdach. Die sandgelbe Wand des Winsener Bahnhofsgebäudes. Autokette senkrecht zum Bahndamm. Fächer der Ebene. Zaunkarrees. Wiesenstadion Stelle. Drei einzelne nickende Ölbohrgestelle. Ein Birkenwald und ein Autofriedhof. Der Kanaldeich. Zum Seevestrand. Ausbesserungswerk Hamburg-Harburg. Flachgezogene Rauchgelände über Rangierbahnhöfen. Zwei Männer in schwarzen Arbeitsmänteln mit Lederschultern und Eisenbahnermützen; der eine, rotgesichtig, schneuzt sich mit Daumen und Zeigefinger. Weiß auf blau auf Backstein: Phoenix Hamburg-Harburg. Krupp HEB. Louis Hagel Salz-Kali-Umschlag. Werner Frahm Eisen-Schrottgroßhandel, ein grauer Schuppen. Gelbweiße Flagge: Ernst Dello. Halb gelöschtes Grün auf Backstein: Bavaria, St. Pauli Brauerei. Das Doppelturmtor zur Süderelbbrücke mit dem Harburger Wappen. TSV Einigkeit Turnhalle. Schrebergärtengelände. Sinus und Kosinus der Norderelbbrücke. Veddeldreieck. Naturin. Schaub u. Co. Das wellige Dach der Großmarkthalle. Die Splitterung der Lichtreflexe in den Fenstern der Großmarkthalle.

Eduard und Ottilie waren es nicht allein, die diesen Zug benutzten. Die Gestalt eines sehr großen, dicken Mannes mit kahlem Kopf schob sich den Gang entlang und blieb stehen. Während eine fleischige, jedoch gepflegte Hand die Abteiltür aufschob, sagte der bekannte auswärtige Kunstkritiker, den alle eigentlich nur unter seinem Spitznamen, die Schildkröte, kannten: Entweder ihr kennt mich nicht, ihr versteht mich nicht, oder ihr seid sehr boshaft. Ist denn hier ein Streit? Ist denn hier eine Hülfe nötig? Glaubt ihr, daß ich in der Welt bin, um Rat zu geben? Das ist das dümmste Handwerk, das einer treiben kann. Gerät es gut, so freue er sich seiner Weisheit und seines Glücks; läufts übel ab, dann bin ich bei der Hand. Wer ein Übel los sein will, der weiß immer, was er will; wer was Bessers will, als er hat, der ist ganz starblind. Ja ja! lacht nur – er spielt Blindekuh, er ertappts vielleicht; aber was? Tut, was ihr wollt: es ist ganz einerlei! Das Vernünftigste habe ich mißlingen sehen, das Abgeschmackteste gelingen.

Nachdem die Schildkröte so gesprochen, brachen nun alle drei in lautes Gelächter aus; der berühmte Mann kam vorwärts, er verbeugte sich tief vor Ottilie und gab Eduard die

Hand. Eduard hatte ihn lange gekannt, wenn auch in der allerletzten Zeit die Verbindung ein wenig oberflächlicher geworden war, und Ottilie wußte eher von ihm durch ihren Bruder Andreas (Andie), der Maler war und sich von beiden, von der Schildkröte wie von d'Alembert, einer gewissen Förderung erfreute, welcher Förderung Ottilie nur mit einer gewissen Reserve zuschauen konnte.

Der berühmte Mann wollte sich jedoch in der kurzen Zeit bis zum Einlaufen des Zuges in den Hauptbahnhof nicht aufhalten. Nachdem er einige Höflichkeitsformeln von sich gegeben hatte, wendete er sich, wie es seine Art war, abrupt, kehrte sich jedoch in der Tür noch einmal um und murmelte, während er Eduard scharf anblickte, mit erhobenem Zeigefinger: Tastet aber der Gedanke im ungeschmälerten Bewußtsein derart über sich hinaus, daß er das Andere ein ihm schlechthin Inkommensurables nennt, so findet er nirgends Schutz als in der dogmatischen Tradition. Denken ist in solchem Gedanken zu zweierlei Wahrheit verurteilt, die mit der Idee des Wahren unvereinbar wäre. Metaphysik hängt daran, ob ohne Erschleichung aus dieser Aporie hinauszugelangen ist. – Eduard erhob sich überrascht, um zu erwidern. Allein der berühmte Mann bewegte sich fort, den Gang hinab, in einer, so könnte man sagen: Voyage en Zigzag. Dennoch wendete er, am Ende des Gangs, noch einmal den Schildkrötenkopf zurück, während Eduard wortlos im Gang stehenblieb, und rief: Die Dialektik aber zerstört den Identitätsanspruch, indem sie ihn prüfend honoriert. Er prägt ihr als Zauberkreis den Schein absoluten Wissens auf. For he was a storehouse of memories, sagte Ottilie, als Eduard ins Abteil zurückkehrte: and a very remarkable mimic, whose affection for the particulars of remembered gesture and anunciation shaped and accented the flow of anecdote. Mit den breitgefächerten Weidenbäumen am Sandstrand der Norderelbe, mehr als hundertmal seit 45 im Vorbeifahren gesehen, hatte sich das Panorama, das für Eduard das Panorama der Einfahrt schlechthin war, geöffnet. Diese Weidenbäume, unverhofft erblickt, weckten etwas in ihm, das ihm sonst nicht erkennbar war. Er erinnerte sich, daß Eugen Gomringer 57 etwas Ähnliches von der Einfahrt nach Zürich gesagt hatte. Es kam nicht auf die Einzelheiten an, die sich repetieren ließen, jedoch die Tendenz hatten, in ihrer Abfolge durcheinander zu geraten. Und wenn es ein Bild war, etwa das der Abbrennkamine mit den Flammenzungen oder der plötzliche Einblick ins Hafenbecken oder das Veddeldreieck oder die neue Großmarkthalle oder der alte Großmarkt unmittelbar vor der Einfahrt in den Hauptbahnhof; wenn es ein solches Bild war, dann nicht das, welches man jetzt und hier hätte fotografieren können, sondern eines mit vielen Schattierungen aus Jahres- und Tageszeiten, Stimmungen, historischen Hintergründen, persönlichen Hintergründen usw. Erinnerung, zusammengesetzt zu etwas Komplexerem als es das sein konnte, was er nun, in diesem Abendlicht eines Juliabends, am 25. 7. 1968, mit seinen Augen sehen konnte. Erinnerung jedoch unauflösbar vermischt mit Erwartung. Denn wenn sich hier das Panorama der Einfahrt schlechthin öffnete, so bedeutete es, daß sich nicht unterscheiden ließ zwischen Erinnerung und Erwartung. Ankommen. Schichten aus Ankommen überlagert von neuem Ankommen. Abgelegenes mischte sich ein. Eine Straße zwischen Wilhelmshaven und Jever; der Blick von der Straße Irhove-Leer nach Westen, von der Bahnstrecke Lübeck-Neustadt nach Osten; die Bahnstrecke Groningen-Meppel. Häuserwände, Straßeneinschnitte mit vorbeigedrehten Laternen, Fenstereinblicke, Fensterinhalte, Firmennamen, Reklameinschriften. In der Mischung aus Erinnerung und Erwartung wurde bestätigt, daß das Definitive noch einmal widerrufbar war. Widerrufbar in der Erreichbarkeit unendlich gerichteter Erwartung: jetzt begriff er es. Er erinnerte sich, daß er nach einer solchen Einfahrt den Tunnel der U-Bahnstation Hauptbahnhof als das wirkliche Bild von Heimat erkannt hatte. Er erinnerte sich an ein Foto, das er aus der Dunkelheit des U-Bahntunnels heraus auf den Bahnsteig der Station Berliner Tor gemacht hatte, auf dem die das Licht reflektierenden Gleise wie zwei Hinweise in die schwarze Schattenfläche ragten. Er erinnerte sich an ein Foto, auf dem hinter der nahen und deutlichen Rinde eines Baums die verwischte Fläche der Alster zu sehen war. Er erinnerte sich an das Foto, das er nachts vom Knie der Bellevue in Richtung auf das Kleine Fährhaus gemacht hatte. Er erinnerte sich an das Foto, das er nachts aus dem Fenster seines Sechs-Quadratmeter-Zimmers gemacht hatte, auf dem zugleich die von Laternen beleuchteten Häuserschächte und der im Fensterglas gespiegelte Inhalt des Zimmers zu sehen war. Er erinnerte sich an ein Foto vom Kuhmühlenteich, als seine älteste Tochter zwei Jahre alt gewesen war. Er erinnerte sich, daß er von seiner jüngeren Tochter geträumt hatte, sie hatte ein langes Gedicht aufgesagt mit dem Titel: der Lebenswell.

Als sie am Hauptbahnhof ausstiegen, erkannte Eduard weit vorauf, fast an der Treppe zur Haupthalle, die Schildkröte, wie er von einem mageren, hochgewachsenen, schwarzhaarigen Jüngling empfangen wurde, Andie Wildermuth, Ottilies Bruder. Bevor Eduard, unentschlossen, Ottilie darauf aufmerksam machen konnte, trat von der anderen Seite ein älterer Mann auf sie zu, der ihnen beiden bekannt war, Dr. Samuel Johnson aus Wohltorf, ein freier Schriftsteller. Er gehörte zu einer Gruppe von alten Männern, die Eduard verehrte und manchmal fast als sein Eigentum betrachtete. Einige davon waren bereits gestorben. Der Verkehr mit ihnen beruhigte Eduard über das Definitive des Sterbens. Dr. Johnson jedoch war eben jetzt mehr an Ottilie Wildermuth interessiert als an Eduard. Sie stiegen zusammen zur Unterführung hinab, die zur U-Bahn führt und trennten sich vor den Bahnsteigen der U-Bahn.

Am anderen Morgen erinnerte sich Eduard, daß er geträumt hatte. Es war kein Angsttraum. Es war ein Traum von oben. Träume von oben sind Tagesgedanken oder Tagesabsichten gleichzustellen, denen es gelungen ist, sich nächtlicherweile einer Verstärkung aus dem vom Ich abgesprengten Verdrängten zu holen. Er hatte von Rudolf Augstein geträumt; sie hatten im Schlafsaal eines Internats in langen Nachthemden nebeneinander auf der Kante einer Eisenbettstelle gesessen und sich unterhalten, wobei Augstein seine Hand auf Eduards Knie gelegt hatte. Er hatte aber auch von einem Besuch bei Siegfried Unseld geträumt, bei dem dieser ihn und Joachim Kaiser über die allgemeine literarische Lage konsultierte, sehr vorsichtig und Diskussion vermeidend.

Aber als ich mich an das erinnerte, was ich in einer Weise vergessen hatte, fiel mir etwas ein. Umhergegangen in der blassen Frühsonne des 26. 7. 1968 war ich gleichsam gestrandet am Rand von vier- und fünfstöckigen Häuserfronten, wenige Läden, einige mit Souterraintreppen, wenige, rasch gehende Passanten. Der äußerste Rahmen, den ich bezeichnen kann, ist diese Stadtlandschaft. Der nächste Rahmen ist ein Schaufenster. In dem Schaufenster hängt ein Bild. Der nächste Rahmen ist der Rahmen dieses Bildes, eine Holzkante, darin das Passepartout. Ein etwa 10 cm hohes und 25 cm breites Aquarell. Auf diesem zu sehen eine leicht gewellte Wasserfläche, ein hoher Himmel, nach rechts zu ein Ufer mit übereinander gestapelten Baum- und Häusergruppen. In der Mitte der Wasserfläche ein dreimastiges Segelschiff. Schräg dem Bug des Dreimasters entgegen eine Schaluppe mit leicht gewölbtem Segel, zwei oder drei Personen. Der Himmel von flachen hellen Wolken durchsetzt. Links unten übereck der Wasserfläche eingeschrieben: Blankenese. Rechts der Name. Ludolf Backhuysen.

In die Erinnerung, die ich vergessen habe, hinein fällt mir dies Bild ein. Es fällt mir ein, daß es natürlich ein solches Bild gibt und daß sogar zu diesem Bild nicht nur sein materielles Vorhandensein gehört einschließlich der Stockflecken, die vor allem auf den Himmelspartien sichtbar sind, sondern auch die spiegelnde Fensterscheibe, in der ich eben jetzt das Gesicht eines momentan von der Sonne beleuchteten Mädchens erkenne, von Schatten bereits überdeckt in dem Moment, in dem ich mich auf Einzelheiten zu konzentrieren suche.

Juni, pflegte er zu sagen, ist der Monat, der riecht. Im Juli fängt alles schon wieder an vorbei zu sein.

23 Nachtrag

Langsam dem abfahrenden Zug nachgehend, die rechte Hand halb hoch erhoben, neben der großen Treppe Hamburg Hauptbahnhof, auf der einst Eduard die Schildkröte mit Andie Wildermuth verschwinden sah und später ein anderer den Löwen, der oben die magere japanische Geigenspielerin umarmen sollte. 11. August 1976, Abfahrt nach München 8 Uhr 10. Gespräch über Ankünfte und Abfahrten noch im Ohr, Ankünfte in Bahnhöfen welcher Städte, Abfahrten von Bahnhöfen welcher Städte. Ich: Von Bremen nach Hamburg ist immer angenehm. Sie: Überhaupt nach Hamburg, egal von welcher Seite. Ich: Früher bin ich umgekehrt nach Hause gefahren. Ich: Die ganze schreckliche Zeit. Sie: Das war für mich Kiel. Obwohl da alles in Ordnung war, ist mir immer kurz vor der Einfahrt schlecht geworden. Ich: Das ist alles schon lange her. Sie: Nun fahr man schön. Ich: Ankommen um abzufahren. Abfahren um anzukommen.

Jetzt blicke ich westwärts auf die Ebene zwischen Harburg und Lüneburg. Wieder das Schwarzweiß der Kühe. Unbeschreiblich gemütliches Gefühl beim Anblick weidender Kühe. Knicks in der Morgensonne. Kornzeilen. Zweites Heu. Horizonte aus hintereinander gestaffelten Baumreihen. Das Hintereinander der Ferne auf der Ebene. Blaueres Hintereinander der Ferne auf der Ebene. Lebenslange Emotion beim Anblick der blauen Ferne der Ebene. Angefangen, Leute nicht mehr zu mögen. Aber dies plötzliche innere Aufbrechen in den Anblick der morgensonnenbeschienenen Ebene. Immer der große Fächer bis an den Horizont. Und zugleich die Fülle der stetig erneuerten, stets, erneuert, überraschenden Details. Rotrosalilaweiße Blumenbeete und blitzende Gewächshäuser bei Lüneburg. Die schiefe Kirche aus Ankers Steinbaukasten. Am Sande, wo mein Vater, wie er einst erzählt hat, ging.

Plötzlich Erinnerung an den Traum, der mich geweckt hat. Neuerliche Tagung der Gruppe 47. Überbleibsel verschiedener Art. Das Bett, in dem ich schlafen soll, ist belegt. Auch Charakter von Krankenhäusern, Jugendherbergen,

Kasernenstuben. All das übereinander. Ich suche meine Taschen. Sie sind verschwunden. Auf den Betten vollgepreßte Koffer. Stapel von Koffern. In Wäschekörben ebenso vollgestopfte Taschen. Ich suche in den Körben nach meinen Taschen. Eine Betreuerin, dünn, schnippisch, fragt. Ich beschreibe umständlich mein Gepäck. Ach das, sagt sie: ich habe mir die Freiheit genommen, Ihre Taschen zu benutzen. Ich: Wissen Sie denn auch, was das bedeutet? Sie: Pah! Die kriegen Sie doch wieder. Sie verschwindet. Ich folge ihr. In einer Art Zelle steht sie vor einem Spiegel und probiert Schlüpfer an, die sie einen nach dem andern aus der Tasche holt, die mir gehört.

Ab und zu mache ich mir das Vergnügen, aus dem Rückfenster des letzten Wagens auf die Schienen zu starren, die unter dem Zug weg fließen. Fließen scheint das richtige Wort. Aufblendend, wenn die Sonne darauf scheint. Das Foto aus dem U-Bahntunnel heraus. Erinnerung an eine Exkursion mit Pyritz 1949, auf der ich ebenso aus dem Fenster starrte. Las dazwischen eine amerikanische Taschenbuchausgabe von Wild Palms, über deren bunten Umschlag Pyritz sich belustigte. Erinnerung an den Traum, in dem er mich zu einem Stand mit sehr kleinen Klassikerausgaben führte. Eine davon steckte er in den Mund, und es zeigte sich, daß es Zigarren waren. Als er sie anzündete, trat seine Frau hinter dem Stand hervor und rief: Habe ich es dir nicht verboten!

Die Schienen fließen nicht nur. Sie sind wie die zufällige Kennzeichnung der Perspektive, die zur Belehrung immer neu unter mir weggezogen wird. Absorbiert durch dies Weggezogensein. Verdoppelt, zwei Schienenpaare. Vervierfacht, oben die Drähte der elektrischen Stromabnahme. Eine Metapher des Sichentfernens. Ich sehe das Sichentfernende als ein Entferntes, das in seiner Geschwindigkeit vom Auge eingeschätzt werden kann. Einige Minuten hindurch erkenne ich die Aufschrift: Bevensen Saatbau. Dann schwingt sie sich in einer großen, flachen und eleganten Kurve hinter Buschwerk außer Sicht. Neben mir verhält plötzlich eine geschwärzte Ziegelwand mit tiefen halbblinden Fenstern, die von einem Metallgitter in kleinere Rechtecke unterteilt sind und über die Efeu herabhängt, das Schwarzrot der Ziegelwand überdeckt von den gelbgrün glänzenden Schuppen der

Blätter. Festgehalten auf der Netzhaut bis zu dieser Notiz. Dann vergessen. Vergessen?

Ein alter Mann fährt auf einem Fahrrad auf einer Nebenstraße senkrecht auf die Bahn zu. Vorbei. Zwei Kühe baden unter Büschen in einem Fluß, dessen Oberfläche dunkelblaugrün glänzt und von einem Rippelmuster bedeckt ist. Vorbei. Die Kinderburg Nordstemmen bei Elze. Vorbei. Eine Geschichte, die meine Mutter erzählt hat. Auf welche Weise entspricht die Neigung meiner Mutter, Geschichten zu erzählen, meinem eigenen Drang, Anekdoten zu wiederholen? Flüchtige Frage, gefragt, vorbei. Faguswerke in Alfeld, halb verdeckt durch einen stehenden Güterzug, immer noch als Einheit aus Einsicht und Emotion erkennbar. Vorbei. Plötzlich, unerklärlich, unerträglich, vernichtend, ausschmelzend, mitten in dieser sonnigen Sommerlandschaft, atemberaubend, atementziehend, sinnlos der Schock der Todesangst. Die Unausdenkbarkeit des Endes vor mir als Mittelpunkt von allem.

Aus tiffster Noth schrei abgemergelt Hertz!
Las mich noch einst di matte hand aufheben!
Es harnischt mich und pantzert recht der schmertz!
Di zunge klebt! Angst hat mich rings umgeben!

Eichendorffs Untergang
Eine Phantasie

Anderes denn ein Verenden ist das Untergehen. Jeder Untergang bleibt geborgen in den Aufgang. (Martin Heidegger)

Es wird sich nicht viel verändert haben.

Die Göttin der Vernunft wird nicht den Thron bestiegen oder, was auch in jener Zeit noch zeitgemäß sein könnte, den Fahrstuhl verlassen haben in einem jener zukünftigen Hochhäuser, halb unter, halb über der Erde, terrassenförmig und weitverzweigt wie eine eigene Stadt, oder ein Auto, das es dann, nach der moralischen Bannung privater Fortbewegungsmittel, vielleicht nur noch als ein Relikt geben wird wie einst die Pferdedroschken, jedenfalls aufrecht, in einem langen weißen Wollrock und einer schwarzen Bluse, denn die Vernunft wird auch dann noch schwarzweiß und janein sein oder es wird die Göttin der Unvernunft sein, die mit beiden Händen mich an den Schultern festhält und, so schwach diese Hände auch scheinen, nicht losläßt während des Sturzes, denn es ist ein Sturz, in die Zukunft.

Was ich jetzt sehe, male ich aus. Was hier ankommt, zerre ich weiter. Wie ein Zeichner eine Kurve auszieht, deren Formel er sich vorgegeben hat. Immer noch, so will ich einmal anfangen, ist die Koalition aus FDP und SPD in der BRD an der Regierung. Nicht weil sie an politischer Vernunft zugenommen hätte, sondern weil die Opposition durch chronische Redundanz der Programme und Parolen einem unaufhaltsamen Schrumpfungsprozeß unterworfen ist. Die 39. Legislaturperiode dieser Regierungskoalition, ich kann noch immer nicht der Obsession durch die Zahl 13 widerstehn, wird eben ablaufen. Das geteilte Deutschland wird sich in ein multipliziertes verwandelt haben. Welche Voraussetzungen? Bayern hat seine Unabhängigkeit erklärt, dramatische Umstände, Krisen, Gewalt. Die UdSSR, eben vor dem Ende ihrer Hegemonieansprüche auf Europa, unterstützt das. Dann der große Knall in der Äußeren Mongolei und seine Folgen, die Rußland ganz auf den Osten und die USA ganz auf den Pazifik konzentrieren, jedenfalls militärisch. In Europa einerseits eine Polarisierung in liberale und sozialistische Staaten, andererseits, ohne den Druck Moskaus und Washingtons, Abbau ideologischer und machtpolitischer Spannungen. Bayern und Österreich schließen ein Bündnis. Um sich gegen die Volksrepubliken Frankreich und Italien zu schützen, schließt sich die Schweiz an. Es folgt, zur Wahrung zumindest der nominellen Souveränität, die DDR. Schließlich die BRD. Kritiker sprechen von einer verdeckten Wiedereinrichtung des Großdeutschen Reichs von einst. Aber was sie den deutsch-deutsch-deutsch-deutsch-deutschen Bund nennen, ist in Wahrheit ein bayerisch-österreichisch-schweizerisch-deutschdemokratisch-bundesdeutscher Beistandspakt. Als solcher das Herz Europas? Auch der Kopf? Der Solarplexus?

EG und Nato könnten aufgegangen sein in etwas, das sich unter Namen und Schirm eines Dritten entwickelt hätte: Großeuropa, atlantische Einheit, atlantischer Gedanke, atlantische Kultur. Afrika, USA und einige südamerikanische Staaten eingeschlossen. Welche Voraussetzungen? Einheitliche Überzeugungen, einheitliche Interessen, der Wunsch zu überleben stärker als Konkurrenzdenken. Nicht eine neue Religion. Vielleicht im Nahen Osten, wo der Konflikt nach neuerlichen selbstmörderischen militärischen Auseinandersetzungen gelöst werden könnte dadurch, daß Israelis zum Islam und Wüstenscheiche zur jüdischen Orthodoxie übertreten. Aufhebung der alttestamentarischen Überlieferung in die so erneuerte wie rückgebundene Lehre Mohammeds.

Zwei oder drei weitere Möglichkeiten. Die Kirchen verlieren allen politischen Einfluß und der unüberbrückbare Gegensatz zwischen marxistischem Sozialismus und konservativem Kapitalismus wird eingeebnet in die Spielarten von Fraktionen. Dazu Erfindung des Synkretismus des 21. Jahrhunderts ausgerechnet durch einen Sowjetrussen, der am Ende seines Lebens abwechselnd in Cornwall, Paris und im Pinzgau lebt, mit Namen Optowaja Torgowlja, jeder der Russisch kann, weiß, was das heißt. Er faßt die Lehren von Joseph Alois Schumpeter, Arthur-Fridolin Utz, Slawomir Mrozek und Milton Friedman zum dann sogenannten SUMF-Marxismus zusammen. Der wird gestützt durch die Währungseinheit des Fiktivdollars, der sich stützt auf immer weiter wachsende Mengen von Geld und Diamanten, die aus den Abfällen der Atomkraftwerke synthetisiert werden, ein

Vorgang von umwälzender Bedeutung. Wegen dieser bereits unübersehbar gewordenen Gold- und Diamantendeponien werden die Atomkraftwerke im Volksmund Goldmühlen genannt.

Weiter: nach dem großen Knall und den folgenden Unruhen, die den ganzen Raum vom Indischen Ozean bis zum Pazifik ergreifen, zerstören und unzugänglich machen, wäre die Erde in zwei Hälften geteilt. Militärisch würden die UdSSR und die USA, mit Hilfe Europas und Afrikas, die pazifische Hälfte abriegeln. Die Staaten, die sich der neuen israelisch-islamischen Doktrin unterworfen haben, die sogenannten II-Staaten, würden das letztmögliche Loch nach Osten stopfen. Afrika und Europa wären voll ineinander integriert. Im Zeichen des SUMF-marxistischen Synkretismus wären Apartheitsvorstellungen finsteres Mittelalter geworden.

Ein Entwurf, ein Scherz, ein bitterer oder verzweifelter? Ausgedacht im Sturz in die Zukunft, wo Denken eher der Logik des Kalauers folgt als der des Verstandes? Denn die Göttin der Vernunft, die auch die Göttin der Unvernunft sein könnte, wird mir, so stelle ich mir vor, zuhören. Wird sie, wenn sie mich zuhörend anblickt, stumm, ernst, ohne zu lächeln oder nur versuchsweise, aber ohne Erfolg, plötzlich traurig sein? Kann man sich das vorstellen, daß die Göttin der Vernunft, der Unvernunft, statt unbewegt, ehern, unrührbar, nun traurig ist, vielleicht weint?

Schließlich die atlantische Kultur. SUMF-Marxismus, ein Netz von Verträgen, planvolle Wanderverlagerung der Zuwachsraten der Volkseinkommen, Mischproduktion von Waffen und Haushaltsgegenständen, Fusion zwischen Öffentlichem Dienst und Wehrmacht, Abfahrt von Expreßzügen mit Hornsignal und gezogenem Degen, eine unendlich variable Touristenattraktion, all dies als Basis, auf der der eigentliche Überbau sich erhebt. Ausarbeitung zweier Zirkulationen: eine von oben nach unten, Kunst für alle, kurz KA, eine von unten nach oben, Leute für Kunst, kurz LK, zusammengefaßt zum Prinzip KALK, getragen von den kritischen Gruppen, die zum erstenmal von dem anderen Friedman, dem Pariser Architekten Yona, im 20. Jahrhundert als Grundeinheit der Globalgesellschaft definiert worden sind.

Während über den verwüsteten und von Unruhen geschüttelten pazifischen Raum eine Dauernachrichtensperre verhängt ist, feiert die atlantische Kultur in siebenjährigem Abstand die Feste, auf die hin sich das ganze Leben hier konzentriert. Eine Mischung aus Mysterien, Karneval, Opferritus, Festspiel, Festival, Olympiade, Happening, Nudisten-, Flitzer-, Swingeraktivitäten, Grundritual nach dem Joy of Sex des Bestsellers Alex Comfort. Moduliert durch phänomenologische, ethologische, psychoanalytische, Sprachspiel-, Medien- und Verhaltens-Theoreme. Gefeiert auf riesigen Plattformen im Meer abwechselnd vor der Küste Portugals und Floridas. Musik aller Zeiten und Länder synkretistisch vereint. Lichtorgien, Nacktorgien. Nähe von Eros und Tod. Schutzgeist der große Bataille. Bataille der Prophet?

Altertümliche Texte: Baudelaire, Hamerling. Lautréamont, Chlebnikow, Kruconech, Schwitters, Queneau, Patchen, Vonnegut, aber, merkwürdigerweise, auch dieser:

Hörst du nicht die Quellen gehen
zwischen Stein und Blumen weit
nach den stillen Waldesseen
wo die Marmorbilder stehen
in der schönen Einsamkeit?
Von den Bergen sacht hernieder
weckend die uralten Lieder
steigt die wunderbare Nacht
und die Gründe glänzen wieder
wie dus oft im Traum gedacht. –

Oder: mehrere Septennien hindurch ist Arno Holz beliebt gewesen. Motto: Auf seiner Halleluhjawiese duldet mein Herz keinen Schatten. – Textprobe:

Göbberiguschke
stöck din Kruschke
wöbberiwuschke
ön min Puschke
stripp din Spölzke
ön min Pölzke
stremm din Splitzke
ön min Schlitzke
premm din Spitzke
ön min Ritzke

tödderitöll
eck hal stöll
bölleriböll
as God wöll. –

Achja, sagt meine Göttin der Vernunft, der Unvernunft, jetzt, und ich hebe meine Arme, um sie zu umfassen. Alles in Ordnung? frage ich. Das, sagt sie: läßt sich im Rückspiegel nicht feststellen. Aber weil sie mich trösten will, so stelle ich mir vor, fügt sie hinzu: noch habe ich nichts von uns vergessen. Bin ich gerührt?

Noch etwas, und erst das bringt die Geschichte in Gang. Es wird einzelne Personen geben, die sich vervielfältigen und Zukunft wie Vergangenheit anschauen können. Das ist nicht ein Sprung der Entwicklung, sondern ein Resultat von Trainingsmethoden und Medienentwicklung bei besonders Begabten. Diese Vervielfältigten sind geheimnisvolle Persönlichkeiten, ihre Begabung eher eine Last als eine Lust, oft sind es einfache Gemüter. Ihre Dienste, die natürlich vielfältiger Natur sein können, sind umso mehr gefragt, je mehr die eigentliche Macht von den Staatsorganen in die Gremien übergeordneter Organisationen, Syndikate, Clubs, Räte übergehen wird. Welche Dienste die Vervielfältigten geleistet haben, kommt nie oder erst spät ans Tageslicht.

Nehmen wir drei, die in einfacher Erscheinung auftreten und in gleicher Weise ein wenig wahrsagen könne: Acapulca, Eichendorff und Zwillitilli. Das Fest, das in das Ende der 39. Legislaturperiode der FDP-SPD-Koalition in der BRD fällt, findet statt vor der Küste Portugals. Gerüchte haben die Vorbereitungen unterhöhlt. Es wird gesagt, die bisher stärkste Gruppierung des pazifischen Raums wolle das Fest benutzen, um ein für allemal reinen Tisch zu machen. Acapulca, Eva-Maria, und Zwillitilli, Max, scheinen von einer Interessengruppe der atlantischen Großorganisationen, Eichendorff von einer anderen angeheuert worden zu sein. Acapulca und Zwillitilli befinden sich in ihrer ersten Erscheinung auf dem Fest im zweiten Ring, in ihrer zweiten bei einer chinesischen Flotteneinheit südlich Neuseeland. Eichendorff befindet sich in seiner zweiten Erscheinung im innersten Ring als einer der Hauptakteure und in seiner ersten Erscheinung wird er zuletzt gesehen in einer papuanischen Hubschraubereinheit zwischen der Nordostküste von

Queensland und dem Papuagolf. In ihrer dritten Erscheinung befinden sich alle drei, denn am Ende sind ihre Gemeinsamkeiten stärker als die Loyalität der Partei gegenüber, die sie engagiert, im Gasthof Wiesengrund nahe dem westfälischen Holzwickede.

Es passiert im siebenten Abschnitt des Festes, der orale Variation genannt wird. Es ist sehr warm, dabei die Sicht ungewöhnlich gut. Wolkenloser Himmel. Eine leichte Brise hat tagüber vom Meer geweht. Sie verstärkt sich am Abend. Die Aktivitäten des Festes wirken zugleich strahlend und gedämpft. Die aufeinander abgestimmten, aber beliebig abzuwandelnden musikalischen Programme der kleinen Zirkel, in denen der Orgiasmus gewöhnlich rascher Höhepunkte erreicht, wechseln ihre Rhythmen, ihre Klänge treiben wie Flocken aufs iberische Festland, dessen Strand gefüllt ist mit Zuschauern und Schlachtenbummlern. Das strahlende Blau des Himmels verblaßt schnell. Der fahle Horizont steht unvermischt auf der abgedunkelten Meeresfläche. Während überall Lichter und Lichttrauben aufglimmen, ertönt plötzlich ein klagender Schrei.

Gleichzeitig wird ein stark helldunkel pulsierender Flugkörper sichtbar. Er nähert sich in rasender Geschwindigkeit von der Westküste Afrikas her. Wie mit einem Ruck verhält er über dem inneren Ring, ein schwarzes Ding in Größe und Form eines Footballs tropft herab, während der Flugkörper selbst senkrecht emporsteigt und in der Höhe explodiert wie ein riesiges und sich in immer neu pulsierenden Funkenregen erneuerndes Feuerwerk. Mitten im inneren Ring steht einer der gewaltigen Vortänzer, nackt, schwarz behaart, starr aufgerichtet, mit aufrecht stehendem, hell beleuchtetem Glied: Eichendorff. Das Ding tropft auf ihn herab. Er fängt es auf, während die braunhäutigen ersten Tänzerinnen mit steil hervorgepreßten Hinterteilen im Kreis um ihn zusammengekauert sind. Wenn das schwarze Ding Eichendorff berührt, bläht sich sein Körper auf wie eine Fackel, riesig und schnell. Dann zerfällt er. Sein zerfallener Körper treibt wie Asche über die im Widerschein glänzenden Körper der Tänzerinnen dahin. In die erschrockene Stille tönt ein Ton wie von einer heftig angerissenen und über die volle Verstärkeranlage gezogenen Gitarrensaite.

Acapulca und Zwillitilli in ihrer ersten Erscheinung ziehen

sich sofort zurück und geben ihre zweite Erscheinung im Pazifik verloren. Ein Journalist will sie später an der baskischen Küste gesehen haben, wie sie friedlich mit einem Maultier nordwärts wandern. Das Fest wird später den Namen: Eichendorffs Untergang erhalten. Was im Pazifik geschehn ist, ist unausdenkbar. Gewiß scheint, daß sich bald am Rand der Äußeren Mongolei das entwickelt, was später der Aufstand der Kinder genannt wird, ein rätselhafter, grauenvoller und erbauungsfördernder Kreuzzug, dessen Auswirkungen nicht zu übersehen sein werden.

Eichendorffs Untergang. Warum Eichendorff? Ich hatte zuerst an den Namen Entebbe gedacht, aber die Anspielungen, die darin enthalten sind, führten in die falsche Richtung. Eichendorff gefunden durch Ausstechen im Lexikon. Zufällig. Zufällig? Die Göttin der Vernunft, die auch die Göttin der Unvernunft sein kann, denn sie reagiert rascher und sicherer auf das Unterbewußtsein des Vaters Freud als auf den Gedanken, obwohl gerade da die eigentlichere Vernunft am Werk sein könnte, schließt mich in ihre Arme.

Es ist Februar. Im Wiesengrund bei Holzwickede sitzen Acapulca und Zwillitilli auf einer Bank. Für die Jahreszeit ist es warm. Blaß steht der Himmel über dem Land. Oben kreist langsam ein Bussard. Unterbricht manchmal rüttelnd seinen Rundflug. Rötliche Haselnußkätzchen an feucht glänzenden Zweigen. Knospen an einem Ribisbusch, eben hell und grün aufgebrochen. Max hat seine rechte Hand auf die Linke Eva-Marias gelegt. Eichendorffs Untergang?
Max sagt:

Wo aber werd ich sein im künftigen Lenze
so frug ich sonst wohl wenn beim Hüteschwingen
ins Tal wir ließen unser Lied erklingen
denn jeder Wipfel bot mir frische Kränze?

Und Eva-Maria antwortet:

Wart nur bald taut es von den Dächern wieder
und über Nacht hat sich die Luft gewendet
du trittst erstaunt heraus und kehrst nicht wieder
denn endlich kommt der Lenz der niemals endet.

Linguistenherbst

Zwei amerikanische Linguisten trafen einander, als sie schon etwas älter waren, einmal und vollzogen einen Sprechakt aneinander. Wozu eigentlich nichts weiter hinzuzufügen wäre, es sei denn, daß niemand weiß, ob die Linguisten sich nicht in Wirklichkeit bloß einfach über das Wetter unterhalten haben oder ob es ihnen diesmal gelungen ist, den Gang der Weltgeschichte auf den, wie es Hans Wollschläger ausgedrückt hat, Satz zu reduzieren: Karlchen fährt Roller.

Max und Peter auf der Freudenjagd
Rekonstruktion und Nacherzählung eines Plans

Ohne das, was er schon geschrieben, ad acta zu legen, begann er seine Geschichte in etwas anderer Art von vorn. Während seine frühere Fassung in einem unkomplizierten Dokumentarstil angefangen hatte und ausgeartet oder zumindest absichtlich übergegangen war in Irrealismus und Mißklang, beschloß er, diesmal seine Geschichte von Anfang bis Ende auf eine konservative, realistische, unbefangene Weise zu erzählen. Da er sich zum Roman- und Geschichtenautor berufen fühlte, war es vielleicht unvermeidlich, daß ihm eines Nachmittags die Möglichkeit einfiel, daß sein Leben eine Fiktion und er die Haupt- und eine Nebenperson darin sein könne. (John Barth)

You can't make sex if your ego comes first. You cannot make love if you are on an ego trip. (Germaine Greer)

Okt. 1971
9. 8. 1971

Wann hat es angefangen? 1970? 1971? Irgendwann am Strand von Juist. Notiz Oktober 71: Max und Peter sollen das alles mal erledigen. Davor noch, auf Juist, Tagesaufzeichnungen: 9. 8. nachts Regen. SW–W. Geschlossene Wolkendecke. Islandtief über England zur Ostsee schwenkend. Baden 12.00. Ort sehr belebt. Viele Vierecksdrachen aus Plastik blau mit langem rotem Plastikschwanz. Viele Eltern mit Kindern. Jüngere Paare. Ältere Paare. Trimmdichtouristen

10. 8. 1971

treudeutsch. Wenig Jugendliche mit Bart. Regen bis abends. 10. 8. Regen. Nachts teilweise Mond. Sprühregen mit Unterbrechungen bis ca. 13.00. Ab 15.30 Wolken mit weißer Sonne. Flut 13.33. 2 mal baden. Peter am Strand. Weiße Hose. Hellblauer Pullover. Wenig Brandung. SW–S. Abends Sprühregen.

12. 8. 1971

12.8. Wolkendecke mit Umrissen weiß auf grau vorm Horizont N. Klar bis ca. 11.00 Sprühregen, wenig dunklere Felder. Heller ab Mittag. Fast klar. 18°. Wasser 18°. Leichte Brandung. W. Traum: Schnebel trieb mit Hilfe von Musikinstrumenten Bohrversuche. Mag auch am Strand gewesen sein. Jedenfalls gelang es ihm, unerwartet, eine Quelle zu erschließen. Das

14. 8. 1971

Wasser kam erst zögernd, dann in hohem Strahl. 14. 8. Wenig Brandung. Leichte Brise. W. Ganz gelber und milchblauer Abend. Milchblaue Wolkenwand über den Dünen. Sonnenviertel rot dazwischen. Das Gelb in ganz helles Kupfer überwechselnd. Einzelne Möwenschatten. Oben das Blau nachdunkelnd. Fast windstill. Weithin tragende Stimmen. Kindersilhouetten auf dem Dünenrand. Rufe vom Watt. 19.30 eine Inselbahn mit klappenden Geräuschen.

24. 8. 1971

24. 8. Modellsonnentag. Kleine weiße Wolken fern überm Festland. Kühle Grundtemperatur. Frisch bis mäßig. O. Wanderung nach Loog. Modellsonnenuntergang. Sonne direkt in den klaren Horizont. Große glühende Kuppel auf dem Meer, langsam versinkend. Farben von Kupfer über Grün und Weißgelb zu Hellblau. Figuren auf den Dünen. Alle Fotografen auf den Dünen.

25. 8. 1971

25. 8. Sonne wie Vortag. Sonnenuntergang wie Vortag. Etwas wärmer. O schwach, nachmittags gelegentlich Böen. Traum: etwas kommt auf mich zugetaumelt, schon angefressen, zerstört, fällt vornüber auf Knie und Ellbogen, ist, gefallen, von außen glatt braun glasiert wie frischgebackenes Brot, hochgehoben wie ein Schildkrötenpanzer, wimmelt es auf der Unterseite von Maden. Traum: mit wem in Rouen. Stadtmitte Ruinen, abgeräumt. Wir wollen ins Berliozmuseum. Im Hotel Verlieren. Ich in die Rezeption zurück. Dort andere. Ich: was tun Sie hier? Antwort: ja wissen Sie nicht, daß man nirgendwo so gut Operetten hören kann? Traum in zwei Schichten. Über längere Strecken: Träumen des Träumens.

5. 9. 1971

5.9. Kleine flache weiße grüne blaue Perlen an der Wellenlinie im Sand. Deichseite: im Gras blühender Löwenzahn. Dazwischen Schmetterlinge (Fuchs). Septembersonne.

Vor diesem Hintergrund zwei Figuren, zwei Männer, zwei Dialogpartner, die das alles mal erledigen sollten. Was alles? Zunächst einmal stand fest, daß der eine Max heißen sollte. Das Unternehmen sollte Max gewidmet sein. Welchem Max? Nicht einem bestimmten. Aber konnte das nicht mißverstanden werden, und konnten nicht verschiedene Maxe, die ich kannte und kenne, dies auf sich beziehen? Angefangen, Maxe zu sammeln. Alle Maxe meines Lebens: tote,

10. 9. 1978 lebende, historische, literarische. Zuletzt, 10. 9. 78, auf dem Ohlsdorfer Friedhof. Es sind 703 geworden. Alphabetisch der erste Max Ackermann, der letzte Max Zwillitilli. Notiz Ende 72:

Ende 1972 Bei aller Anstrengung, in die Tiefe der Problematik und die Höhen der Abstraktion vorzudringen, bei allem Ehrgeiz, derjenige gewesen zu sein, der die Lösung kannte, blieb er dahinter doch immer demi-monde.

18. 12. 1972 Oder Zitat FAZ vom 18. 12. 72: Das Klischee von dem Blaubart und intellektuellen Snob, der gerne ein seidenbestrumpftes Bein streichelt, stimmt nicht. Wohl ist er eitel. Er gibt einer Journalistin nicht ungern ein Interview; lieber als einem männlichen Kollegen. Doch sind seine Bemerkungen auf Bällen, Empfängen und Diners, wenn er Damen auszeichnen will, relativ plump. Der Geistreiche ist angesichts einer Dame zu jeder Platitüde bereit. Er ist gut beraten und pflegt das Image als Troubadour. Die Leute wollen Schwächen sehen bei denen, die sie insgeheim bewundern. Sie wissen nicht, daß er nicht nur unbeholfen in Damengesellschaft ist. Er ist auch unhöflich. Wenn Damen den Raum betreten, bleibt er sitzen. Er ist abwesend. Er ist mit seinen Gedanken vereint. Er ist in seine Ideen verliebt.

Max und Peter sollten am Strand entlang wandern und sich unterhalten. Enzyklopädische Gespräche wie die der beiden Büroangestellten Bouvard und Pécuchet bei Gustave

März 1973 Flaubert: März 73 ein Entwurf: P: das ist doch klar, daß unser Autor an Flaubert gedacht hat, als er uns anfing. M: ja natürlich. P: aber wir sind anders, Flaubert wäre nur eine Reminiszenz. M: eine Assoziation. P: die Frage ist nur, ob es jemand erkennt. M: für einen d'Alembert ist es ohnehin zu spät. P: ich frage dich, unseretwegen. M: und was tun wir dabei? P: nun, unterhalten wir uns ein bißchen über Flaubert. M: ja Flaubert diskutieren, Sarraute über Flaubert, Sartre über Flaubert, Améry über Flaubert. P lächelnd: jetzt spielst du d'Alembert.

Dez. 1971 Eine Notiz vom Dezember 71: Alle Menschen laufen bekleidet herum. Dies ist ihre sichtbare Dimension. Meist zu zweit, gelegentlich einzeln, manchmal in Gruppen betreiben sie, unbekleidet, Sex. Dies ist ihre unsichtbare Dimension. Annahme, in der sichtbaren Dimension des bekleideten Wohlanstands, Familie, Arbeitsplatz, Büroleben, Wirtshausbetrieb, Straßenverkehr usw., sei immer gleichzeitig als Vorstellung, als Wunschbild, als Futter sozusagen, die zweite unsichtbare Dimension, nackt, Sex, mit anwesend. Keine Verdrängung, kein Sichverheimlichen, kein Zudecken, sondern eins im anderen. (Aber nicht umgekehrt: im nackten Verhalten ertrinkt das bekleidete, ist nicht darin anwesend.) Dazu ein Zitat aus Elias Canettis Provinz des Menschen: Diese rätselhafte Verfallenheit an Schönheit, selbst bei ganz rohen Menschen – was ist sie anders als der Rest der alten Vielgötterei? Es bleibt aber merkwürdig, wie sich auch der Häßlichste und Geringste dem Schönsten zu nähern wagt, als käme es ihm zu, als sei es ihm verheißen. Es ist wahrscheinlich, daß es, dank der Vermischung aller Kulturen, heute mehr schöne Menschen gibt als je. Sie sind die Überbleibsel der verschollenen Götter. Dazu der eigene Zusatz: Dies als Ausgang für Max und Peter. Zu destruieren als eine einzige Kette des Aberglaubens. Schönheit als bloß gesellschaftliche Konvention. Was alle sich angewöhnt haben für schön zu halten. Und das ist verantwortlich für schöne Menschen wie Götter. Götter nichts als die Verewigung der Konvention. Schönheit als Begriff gebunden an die alte Gesellschaft heute unbrauchbar. Normierung und Bizarrerie eher brauchbar. Siehe Olaf Stapledons Star Maker, Odd John und Sirius.

Max und Peter. Erotik, Sexualität, Schönheit, Mythos usw. diskutierend. Oder was? Jörg Drews zu Zettels Traum von Arno Schmidt: Denn Daniel Pagenstecher und Paul Jacobi, zwei Herren Mitte der 50, sprechen außer über Probleme der Deutung literarischer Texte über nichts so häufig wie über ihre nachlassende Manneskraft. Das als Untergrund, Tiefenschicht oder was immer? Noch etwas. Ich hatte diese beiden Figuren nicht nur erfunden, sondern, wie die Notiz vom 10. 8. 71 andeutet, auch gesehen und beobachtet. Das Reale war hier von vornherein eine Vermischung mit dem Fiktiven eingegangen, das Fiktive bemächtigte sich unverblümt der Realität. Das hieß auch, daß die Figuren changierten. Sie waren einmal älter, einmal jünger, einmal gleich alt, einmal nicht, weißhaarig, lockenköpfig, kahl, prall, verwittert, eingeschrumpft usw., all dies jeweils und zugleich. Konstanten: Peter war und ist größer als Max, Max dicker als Peter. Zweites Zitat aus Elias Canettis Provinz des Menschen: Wie jämmerlich, nur ein bestimmtes Alter zu haben! Man möchte gleichzeitig zweierlei Alter haben und es wissen. Wie alt sind Sie? 27 und 65. Und Sie? 41 und 12. Aus diesen Doppelaltern wären neue und verlockende Formen des Lebens abzuleiten.

Also habe ich mir etwas dabei gedacht, als ich anfing, mich darauf einzulassen, mich damit abzugeben.

März 1973

Notiz März 73: M: meinst du, daß wir uns selbst lesen würden? P: warum nicht? M: ich meine nur, wäre das interessant, was wir da so geschwatzt haben, unsere Bettphantasien, unsere Tage am Strand, unsere Spekulationen? P: aber das ist doch, was uns immerzu angeht. Reden wir nicht, wenn wir reden, immer von dem, was uns interessiert; M: möchtest du es wiederlesen? P: warum nicht? M: ich will darauf raus, daß wir, wenn wir reden, nur was loswerden wollen. Wenn wir es aber los sind, sind wir vielleicht froh, daß es weg ist. Kann es denn zur Belehrung dienen? P lacht: das mußt du unseren Autor fragen. Nächste Notiz: 2 Personen in Betrachtung des Mondes begriffen unterhalten sich über ihren Autor. M: meinst du, daß wir ihn besser kennen? P: insofern er uns besser kennen müßte als alle anderen, ja. M: aber können wir wirklich über ihn sprechen? P: du mußt bedenken, daß er als Verfasser von uns, wenn er uns über ihn reden läßt, über sich selber spricht. M: die Schachtel in der Schachtel in der Schachtel? Nächste Notiz: Über die Vorstellung.

April 1973

Notizen April 73: Max und Peter: die Verbindung von frühen Gerüchen mit der Ausbildung von Lustgefühl. Wedgewood-Geschirr rot, Geruch von Sägespänen und Holzfeuern, Omas Kaffee (negativ: Kohlenbügeleisen, Bohnerwachs und Gas). Ostereierfarben, Ziegelsteinmuster auf Puppenstubenwände geklebt, Anziehpuppen aus Papier, rotes Glas, Osterwiesen im März, die Mädchen in Emden, als ich 13 war.

16. 4. 1973

Max und Peter: Gesprächsstoff Potenzstörung (Spiegel 16. 4. 73). P: das ist wie jede andere körperliche Sache. Man muß trainieren und sich in Übung halten. Wer es nur einmal im

Jahr versucht, lernt nie Stabhochspringen. Max und Peter: Gespräch über den Begriff der Enzyklopädie. D'Alemberts Ende. Gespräch über die Rolle. Max und Peter: Gespräch über die Förderer von Kultur (Spiegelartikel). Ägypten: rachitische, tuberkulöse, infantile Lustmolche. Griechen: homosexuelle Rauschgiftsüchtige und Alkoholiker. Absage an alle idealisierende Kulturauffassung. Dies als Verdrängungsvorgang interpretieren.

19. 8. 1973

Notiz 19. 8. 73: Max und Peter am Strand gesehn. Max ging Peter eben bis an die Schulter, war braungebrannt kompakt. Peter hatte einen weißen Ferienbart, hager, etwas gebeugt, aber muskulös. Max und Peter: Kapitel: nackt. Zitat Marlowe (Krimiautor). Mit den Ärschen, die der Bankräuber fotografiert. Denn ich war soviel älter schon ich bin jünger jetzt als einst. Max und Peter: was schön ist. Die Familie am Strand. Etwas behämmerter Vater, kleinbürgerlich tuttige Mutter, zwei Söhne mit Hängeschultern, eine vollbehämmerte dicke Tochter, einer der Brüder mit vietnamesischer Frau und deren Kind. Das Mädchen mit dem Vogelkopf in Meppen.

1974

Notiz Anfang 74: Max und Peter: die Sache für sich sprechen lassen. Max und Peter: Frage was morgen ist im Gegensatz zum Tier. - Zitat: Psychologie hat nichts mit der Wirklichkeit zu tun, noch sollte sie zur Motivierung von Handlungen herangezogen werden. Der Romancier ist heute kein Psychologe mehr. Psychologie kann zu etwas weit Wichtigerem werden. Das große Materialreservoir an Fallstudien kann in der Weise benutzt werden, in der die antiken Schriftsteller ihre Mythen benutzten. Nathanael West.

Mai 1974
11. 1. 1975

Notiz Mai 74: Max und Peter: wo der Spielcharakter die objektivierte Bedeutung. Notiz 11. 1. 75: Max und Peter: Theorie, wonach der Empirismus von Soziologie undPsychonanalyse gleich ist wissenschaftlicher Heilsarmee. Save our souls.

1975

Notiz Anfang 75: Max und Peter: Kapitel: Die Überwindung der großen Zahl (ob der minderen Qualität die Sprache und das Bewußtsein der Mehrzahl entgegen kommen oder die mindere Qualität verändern und wie. Die Romantik und die Realität des Trivialen).

Wie gesagt: Max und Peter, variablen Alters. Hintergrund

Juist, ostfriesische Insel zwischen Borkum und Norderney. Die Wetternotizen, die ich aufgezeichnet hatte nach dem Muster der Tagesdaten in D'Alemberts Ende, sollten allerdings vermischt werden mit Träumereien von ganz anderem Wetter und ganz anderem Klima. Sonne, Glut und Gewalt Floridas eingefärbt in die Nüchternheit der Nordsee. Farben des Golfs von Mexiko, tropische Wetterwechsel halluziniert in die Stürme atlantischer Tiefausläufer. So oder so ähnlich. Aber solche Mischung hat sich über die bloße Vorstellung nicht hinausbringen lassen. Seit ich eingesehen habe, daß sich der Plan so, wie er sich in mir ausgebildet hatte oder angefangen sich auszubilden, nicht würde realisieren lassen, neige ich zu Amrum. Die nordfriesische Insel westlich von Föhr und südlich von Sylt hat einen breiteren Strand, den Kniepsand. Dieser Sand ist, abgesehen von kleinen offiziellen Badestränden, vor allem vor dem vom Pastor Bodelschwingh gegründeten Norddorf, überall nackt begehbar. Ich neige jetzt dazu, mir Max und Peter nackt unter Nackten vorzustellen. Das entfernt sich entschieden von Bouvard und Pécuchet. Flauberts Spießbürger lassen sich nicht in eine heutige FKK-Szene verpflanzen. Oder doch?

Max und Peter wären jedoch deutlicher sie selber. Max und Peter? Ich schwanke auch in der Wahl der Namen. Wäre es auch deutlicher, wenn ich Max und Adelbert sagen würde? Max und Adelbert, seit längerem von den Familien getrennt, die sie einmal um sich herum gehabt haben. Oder, wenn sie jung vorzustellen sind, noch ohne solche Familien. Jedes Jahr verbringen sie ihren Urlaub zusammen in Nebel auf Amrum. Das heißt, vielleicht nicht im Ort selbst, sondern am Wald, in Westerheide. Frei, aufgeklärt, aufgeschlossen, gebildet, interessiert, liberalsozial und lüstern. Ihre andauernde Lüsternheit als eines der Motive für Urlaub und Dialog? Im Alltags- und Berufsleben finanziell abgesichert, freie Berufe, kleine Unternehmer, wohlbetucht, ohne reich zu sein? Ich würde gern Ärmere genommen haben, aber dann hätte ich zuviel Mühe mit dem Hintergrund. Oder ist das eine Ausrede? Meine ich meine eigene soziale Situation, ohne darüber die volle Wahrheit sagen zu wollen? Wären sie sonst in der Lage, die Vehikel abzugeben für den Transport des ganzen Panoramas libidinöser Phantasie? Psychoanalyse von Freud bis Ferenczi, Lacan bis Sheppard, Philosophie:

Groddeck plus Foucault, Reich plus Laing, Bataille plus Benjamin usw. usw.

Ich hatte zuerst, nach einem Zitat, das ich nicht mehr verifizieren kann, sagen wollen: Max und Peter on the pleasure-front. Es gibt auch eine frühe Notiz, die von Max the Faunotyp spricht. Dann habe ich pleasure-front übersetzen wollen, aber Vergnügungsfront oder Lustfront klang nicht gut. Ich bin auf Friedrich Hebbels Schneidermeister Nepomuk Schlägel aus München gestoßen, der sich auf der Freudenjagd befand, weil er wirklich ein sehr armer Mann war und seine einzige Freude sich auf das reduziert hatte, was er anderen absah, das sie besser, vorteilhafter, glücklicher sein ließ als er, und das waren fast alle, so daß seiner Freude kein Ende war. Dieses Wort übertragen, aber mit einem Rest des Hintersinns belassen, der Freude nämlich, die keine mehr ist, die nur noch den Mangel, der zunimmt, anzeigt, habe ich nun Max und Adelbert auf die Freudenjagd geschickt. Max und Adelbert, Max und Peter, denn nun kann ich ebensogut auch zum alten Namen zurückkehren, auf der Freudenjagd. Notiz Sommer 74: er möchte das Normale enthüllen das verkannte unglaubliche ungeheuerliche Normale er kehrt ins Denken zurück er fühlt sich im Unbestimmten wer nicht von Grund auf durcheinander gerüttelt worden ist wird nicht dahin gelangen stärker als alles andere ist sein Mangel an Übereinstimmung seine Bewegungen sind zu heftig und er hat den unabweislichen Eindruck daß jemand über seine Schulter gebeugt ihm auf Papier starrt er hört den Ton eines indischen Musikinstruments großartig es passiert zuviel um ihn herum er sieht Hände auf sich zukommen sie bewegen sich drohend im Traum hat er immer noch nicht begriffen daß er älter wird Tiere haben im Traum zu ihm gesprochen er befindet sich in Korridoren obwohl er in seinen Träumen meist ziemlich kraftlos erscheint war er neulich im Traum ein Löwe in seinem Vokabular bedeuten zum Beispiel Insekten Unannehmlichkeiten die ihm zu schaffen machen.

1974

Peter? Adelbert? Es ist egal. Man könnte sagen, daß sie sich einbilden, was sie finden, und umgekehrt. Sie sind übrigens durchaus noch attraktiv. Körperlich, geistig, im Gemüt. Charme Witz Freundlichkeit Ironie und Sentimentalität. Gott ja, Sentimentalität. Sie haben Chancen, haben schon seit langem Chancen gehabt und werden sie noch eine Weile, nicht immer, denn das wäre gegen die Natur, behalten. Zusammen. Getrennt. Parallel. Überkreuz. Überquer. Nicht miteinander. Obwohl ein erfahrener Analytiker die verdrängte Homoerotik ihres donjuanesken Tuns mit Händen greifen können dürfte. Max und Peter auf der Freudenjagd. Freude gleich Freude am Kopulieren, an Orgasmus und Erregung von Orgasmus? Auf nichts vielleicht sind sie so stolz wie darauf, daß sie Orgasmen erregen können.

Bekannt und nicht bekannt. Bekannter als Bekannte und unbekannter, da es sie nicht gibt. Wie, wenn ich etwa beim Durchblättern eines Fotobuchs bekannte Gesichter entdecke oder unbekannte entziffere, deren Namen ich kenne, Vertrautes und Vermutetes sich mischen. Es ist da realiter etwas erkennbar. Ich weiß, das ist der und der. Ein Schriftsteller, dessen Werk ich mich lange Zeit zu verstehen bemüht habe, erscheint in einer Gruppe Unbekannter, und ich weiß mit einem Mal, indem ich seines Gesichtes ansichtig werde, es lohnt sich garnicht, ihn verstehen zu wollen. Es tauchen andere auf, denen, erkenne ich sie, mein Zutrauen zufliegt: der struwwelbärtige alte André Masson, der weißhaarige elegante Max Ernst, der schrecklich zerstörte Hans Bellmer, Raymond Queneau unmittelbar vor seinem Tod. Zum Beispiel. Beziehungen stellen sich her, Verbindungen knüpfen sich an, Einstufungen finden statt. Aber Max und Peter könnten ein Dutzend Gesichter haben, ein Dutzend Körper, ein Dutzend Alter. Das ist es, was mit dem Zitat von Canetti zu sagen versucht werden konnte. Über Leute reden, die es nicht gibt. Über sie reden, als ob es sie gegeben hat und noch immer gibt. Vermischt mit den Vorstellungen, die meine sind, mit der Phantasie, die meine ist, mit den Träumen, die ich geträumt habe. Meine Sehnsucht, meine Erwartung, meine Verzweiflung, meine Wut, mein Abscheu. Mischen sich. Mischen sich nicht. Stoßen sich ab. Bilden Kontrast. Negieren. Stimmen zu. Bilden ein Amalgam.

Max und Peter gehen, schreiten, möchte ich fast sagen, wie schon seit vielen Jahren auf den Bretterstegen, die durch das breite Dünenfeld gelegt sind, zum Strand. Barfuß. Mit Badehose und rundem weißem Sonnenhut, wie ihn auch Kinder tragen, bekleidet. Am Rand der Dünen, im Anblick der weiten Fläche des Kniepsands, an dessen fernem Rand Strandburgen und der glitzernde Streifen des Meers erscheinen, ruhen sie auf einer rot angestrichenen Bank aus. Peter: hast du einmal darüber nachgedacht, in wie hohem Maß alle Erregungen des sinnlichen Apparates von Bildern abhängen, die wir uns machen? Max: über nichts anderes haben wir, solange ich denken kann, geredet. Peter: aber welche Bilder? Max: du meinst, die Bilder des Auges allein tun es nicht? Peter: richtig. Max: Bilder des Riechens. Bilder des Tastens. Bilder des Hörens. Bilder des Schmeckens. Peter: Bilder, die du gespeichert hast oder die in dir entstanden sind und die du nun versuchst, vor dich hin zu bringen. Max: oder die ich, so könnte ich sagen, vor mir her halluziniere. Also nicht die Busen, Ärsche, Bäuche, Scheiden, Behaarungen, die wir da unten sehen werden, werden uns erregen, sondern die Bilder, die wir in ihnen wiedererkennen? Peter: die Begegnung wäre nur das Erwachen der Halluzination, die in uns schläft. Die erwachte Halluzination vermischt sich mit der erwachten Halluzination, die ihr entgegen tritt. Ich kann nicht wahllos reagieren. Sonst wäre ich der Mythos, der ich nicht bin. Max lacht: nein du nicht. Peter Adelbert Zeus Dionysos. Peter: wenn wir mehr darüber wüßten, könnten wir mehr darüber sagen, wie Subjekt, Psyche und Libido Gesellschaft bilden können. Max: undsoweiterundsoweiter.

Fast ein wenig pedantisch ziehen sie ihre Badehose aus und legen sie hinter einen Busch Strandgras, hinter den sie sie nun schon seit Jahren an jedem Tag ihres Urlaubs legen. Langsam und nackt gehen sie zum Strand hinab. Adelbert, so will ich hier einmal annehmen, ist breitschultrig, groß, muskulös und noch immer dicht behaart. Max ist kahlköpfig, seine O-Beine enden oben in einem Dreierbrötchen. Am Strand nennen sie eine der mehr oder weniger malerischen, mit allerlei Angeschwemmtem geschmückte Strandburg ihr eigen, an einem gebogenen Bambusstab hängen lustig ihre bunten Badehandtücher. Wenn sie ankommen, erhebt sich eine ältere Frau mit breitem Becken, ausladendem Hintern, dicht sprießendem blondem Haarbusch, Hängebusen und Sattelnase, einsfünfundachtzig groß, tiefbraun eingebrannt ohne weißen Rest und begrüßt sie mit dröhnender Stimme. Hallo hallo ihr Lieben, ruft sie. Hinter ihr erhebt sich ihr jüngeres, sozusagen verdünntes Ebenbild. Sie geben sich die Hände, berühren wie zufällig ihre Körper, lehnen sie ein wenig aneinander. Ich habe meine Tochter mitgebracht, dröhnt die Mutter. Fein, sagen Max und Peter wie im Chor.

Eine leichte Brise weht den Strand herab. Eine schwache Brandung klatscht in der auflaufenden Tide auf den Sand, der sehr hell ist. Sie baden, schwimmen und kommen wieder an Land, spritzend, strampelnd, lachend. Einzelne weiße Wolken segeln über den blauen Himmel. Die Männer setzen die merkwürdigen weißen Sonnenhüte, die sie am Ufer abgelegt hatten, wieder auf. Die Frauen schwenken das nasse Haar. Möwen in der Luft. Sonne. Sehr helles Licht. Licht wie das der Erinnerung. Abends sitzen sie zu viert in einem der Eßlokale in Nebel bei flackerndem Kerzenlicht hinter weit geöffneten Fenstern. Über den Rieddächern und den Bäumen dazwischen ist der Himmel noch immer hell, fahl, fast grün. Langsam wie ausgegossene Tinte fließt von oben blaues Dunkel ins Helle. Sterne glänzen auf und vermehren sich. Es ist sehr still geworden, und ferne Geräusche stehen einzeln in der Nacht. Die Brummspur eines Autos. Gelächter. Schritte im Dunkeln. Das Tuckern eines Schiffsmotors weit weg zwischen Amrum und Föhr.

Während ich meiner Vorstellung nachgebe und nachgehe, kommt etwas ganz anderes herauf. Ich hatte vorgehabt, diese beiden zu Trägern von Vorstellungen und Gedanken zu machen, die nicht von mir stammen, aber durch mich hindurchgegangen sind, oder doch von mir stammen, aber von anderen auch gedacht wurden. Ein Panorama, das eine halbwegs zufriedenstellende Aussicht in Aussicht stellt. Aber ich habe sie nun so lange in mir herumgetragen, daß sie das nicht mehr leisten könnten. Daß sie, wollten sie etwas bewerkstelligen, von mir reden müßten. Sie sollten Masken sein, Substitute, Decknamen, Metaphern, Kostüme, Larven, Tarnungen. Aber ich bin, während ich mich mit ihnen beschäftigt habe und auch dadurch, daß ich mich mit ihnen beschäftigt habe, aus Masken, Substituten, Decknamen, Metaphern, Kostümen, Larven, Tarnungen herausgetreten. Wohin? Die Rekonstruktion und Nacherzählung eines Plans deckt einen Prozeß auf, in dem ich mich befinde. Bilder mischen sich ein. Wartende Autoschlangen in Dagebüll. Das Tal der Möwen. Dünn kitzelnder Regen am Waldrand. Abendnebel an der ehemaligen Mühle. Die unaufhaltsame Entfernung des Anlegers von Wittdün in der strahlenden Sonne eines Julimorgens. Und noch andere. Und noch andere. Und noch andere.

Max und Peter auf der Freudenjagd? On the pleasure-front? Keine Antwort. Antwort verweigert.

Jan. 1973

Notiz vom Januar 73, für den neuen Gebrauch leicht korrigiert: Es war ein angenehmer Traum. Aber man muß wissen, wann Träume ausgeträumt sind, sonst gibt es einen schlechten Geschmack. Ihr wart lieb und nicht ohne Überraschungen im Bett, aber nichts auf Dauer. Die gymnastischen Turnübungen waren lustig anzusehn, wir mochten euch eine Weile wirklich gern, aber wir hatten eine falsche Vorstellung von euch. Ihr tut uns leid, aber wir können euch nicht helfen. Die Finger sind gekreuzt, dagegen ist kein Kraut gewachsen. Händels Blockflötenkonzerte sind sehr hübsch, aber auf die Dauer ein bißchen ermüdend. Außerdem habt ihr Temperamente, denen unsere Nerven nicht gewachsen sind. Ihr hattet es immer mit den alten Meistern, das war lieb von euch, aber unnötig.

She could not accept pleasure for the sake of pleasure it must be love because it feels so good (John MacDonald: The Empty Copper-Sea)

Das Gesicht vom zerknitterten Papiertaschentuch verdeckt, die Kralle der Hand, ein erschreckt unbewegliches Brillenauge. Warum fange ich an, darüber nachzudenken, was mir zuerst einfällt, wenn ich darüber nachdenke, was eigentlich ich von ihr erinnere und wie es gekommen ist. Alles wie es gekommen ist. Es ist, ist es wie alles gekommen. Sätze, die ich bilde und wieder fallen lasse. Anleitungen zu oder Ablenkungen von dem, was ich wissen, aber nicht denken möchte. Möchte ich nicht? Überhaupt nicht? Nachdenken, nach denken, nach hin denken, hin denken zu.

An das Geländer der Treppe gelehnt, die nach oben führte, das rechte Bein mit angewinkeltem Knie etwas auf das Geländer hinauf geschoben, die Oberschenkel jedenfalls so weit gespreizt, daß Platz bleibt für meine Hand dazwischen, die sich eng an den Schritt ihrer Hose heran geschoben hat. Ich erinnere mich, daß ich mit den Kuppen von Zeige- und Mittelfinger durch den Hosenstoff hindurch zu fühlen versuchte, sich bewegende, rutschende Haut unter dem Stoff, die andere, sprödere Struktur von Haar, dichtem, dickem Haarwulst. Ich hatte sie, so erinnere ich mich, an diesem Abend, an dem ich stetig Wein getrunken habe, wenn auch nicht soviel wie an anderen Abenden, stetig und fast systematisch betastet, wobei sie, was ich aber ja gewohnt war, vollkommen passiv blieb, und dann, an einem bestimmten Punkt, wahrscheinlich, denn nur darum kann mir dies Bild so gegenwärtig sein, als wir an der Treppe nebeneinander standen, bemerkt, daß in mir überhaupt nichts reagierte. Ich frage mich jetzt: Habe ich überhaupt nicht reagiert, als ich durch den Stoff von Hose und Schlüpfer hindurch ihre Scheide betastete? Kein Kitzel unterhalb der Hoden, kein leichtes Anheben des Penis?

War es dies Bewußtsein des Faktums, daß ich nicht reagierte, das endgültig jede Reaktion verhinderte? Warum, wenn ich nicht reagierte, tat ich es überhaupt? Wo war der

Impuls? War es eine Art von Kalkulation, die leerlief? Warum ging ich nicht dazu über, wie sonst auch, den Knopf loszuknöpfen, den Reißverschluß herabzuziehn und meine Hand unter dem Gummi des Schlüpfers hindurchzuquetschen, bis ich Haar, Klitoris und Scheide unverkleidet fühlen konnte? Alles herabzuziehn und hinzusehn sowohl darauf wie auf die Tätigkeit der Hand?

Sie blieb, das meine ich zu erinnern, aber daran war ich wie gesagt gewöhnt, passiv. Aber gab es nicht doch kleine, fast unbewußte Bewegungen? Welche Bewegungen? War ihr Gesicht weg gewendet? Hat sie mich angestarrt? Waren ihre Augen geschlossen? Das Gesicht sehr weiß, hohlbackig, lang, knochig, maskenhaft? Viel Haar, eine Unmenge, sozusagen, Haar? Hingen ihre Arme herab? Oder hatte sie sie, wie ich es sonst erinnere, an die Oberschenkel gepreßt, wie atemlos bereit, sich auf mich zu stürzen, anfeuernd oder abwehrend? Erstarrt alles in dieses Tableau?

Fällt mir, wenn ich nachdenke, was mir zuerst einfällt, wenn ich an sie denke, tatsächlich zuerst ein, daß ich in diesem Augenblick in dieser Szene nicht reagiert habe? Später, das muß ich korrekterweise hinzufügen, habe ich mit ihr im Bett gelegen, wenn auch, und die Taxifahrerin wendete sich ab von meinem Geruch, als ich nach Haus fuhr in der Nacht.

Beim Durchlesen des bisher Geschriebenen. Ich muß hier nachholen, daß ich mir vorgenommen habe, spontan anzufangen, auch wieder anzufangen, wie hier, aber alles Notierte jeweils wieder aufmerksam nachzulesen, damit, der Spontaneität entgegen oder sie ausbalancierend, das Geschriebene unter Kontrolle zu halten sei. Bin ich unzufrieden. Der Satz muß korrekt lauten: Beim Durchlesen des bisher Geschriebenen bin ich unzufrieden. Was ich hingeschrieben habe, entspricht zwar in dem einen Punkt meines Nichtreagierens der Wahrheit der Spontaneität. Aber kann ich diesen Punkt auf diese Weise, in der ich es getan habe, isolieren? Nun ist das natürlich etwas, das eben über den spontanen Erinnerungseinfall hinaus geht. Lasse ich den Kontakt dieses Einfalls auf mich wirken, so füllt sich sogleich die innere Bühne mit Stoff, Material, Personal, Inventar, Bewegung. Was fälsche ich, wenn ich trenne?

Ich erinnere mich zum Beispiel, daß der Vorgang des Aufknöpfens ihres Hosenknopfs und das Herabziehn des Reißverschlusses, wobei mir, auch das gehört zum Bild, Mary McCarthys Feststellung einfällt, als sie in dem Roman ›A Charmed Life‹ erzählt, wie sie mit ihrem geschiedenen Mann Edmund Wilson ins Bett geht, daß er immer noch nicht mit dem Reißverschluß zurechtkam. Daß das für mich, als Bild, als Tableau, zum ersten Mal gehört. Wir wohnten zufällig im gleichen Hotel. Sie saß in meinem Hotelzimmer auf dem Sessel. Wir hatten uns geküßt. Ich kniete vor ihr, und ich, wie gesagt. Als ich ihre Hosen über die Knie herabgezerrt hatte und die Haarmasse mehr als das, was sie verbarg, ansah, anstarrte, sagte sie plötzlich: Willst du eigentlich die ganze Zeit angezogen bleiben? Und ich erinnere mich, daß der Klang ihrer Stimme mich wie aus einer träumerischen Entrückung aufschreckte.

Was ich hier eingefügt habe, erscheint mir nun als Anmerkung zur ersten Niederschrift, aber auch als Versuch, der notwendigerweise linearen Abfolge der Sätze nachträglich Breite, Tiefe, Fülle zu geben. Was so nachgetragen wird, läuft quer zum Erzähl- oder Erinnerungsfluß und füllt ihn zugleich auf. Der Spalt, der sich notwendigerweise auftut zwischen Absatz und Absatz, Vorstellung und Vorstellung, Erinnerung und Erinnerung, ist doch auch das einzig Verbindende, mit dem ich überhaupt Zusammenhang herzustellen in der Lage bin.

Schließlich auch bildet der Einschub eine Überleitung zu dem, was ich, wenn ich mich, auf sie gerichtet, einfach, in mich zurück, fallen lasse, als nächstes erinnere. Das ist das merkwürdige Geräusch, das ich in jener ersten Hotelnacht zum erstenmal von ihr hörte und das immer stärker und lauter wurde, je mehr sie sich dem Höhepunkt ihrer Erregung näherte. Ein Geräusch, das anders war als alle Geräusche oder Ausrufe, Schreie, die ich sonst gehört habe. Ein Geräusch, das auch am Ende ihre körperliche Gegenwart zu verdrängen schien, so daß ich manchmal die Empfindung hatte, sie habe sich ganz dahinein entkörperlicht. Was Unsinn ist, da ja die äußerste Anspannung und Gegenwart ihres Körpers dessen Ursache war.

Das Geräusch kam tief aus der Kehle, wie aus dem Brustkorb, und lag in seiner Tonhöhe weit unter der tiefsten Tiefe ihrer Sprechstimme. Man traute ihr, sozusagen, diese Tiefe nicht zu. Versuchsweise würde ich sagen, sie grunzte. Aber indem ich es hinschreibe, weiß ich, daß das völlig falsch ist. Brüllen ist zu viel, gröhlen, so könnte ich sagen, wenn ich bestimmte Einschränkungen mache. Mache ich damit auch das enorme Volumen deutlich, mit dem sich dieses Geräusch aus ihr heraus Bahn brach? Ich befinde mich hier, und das ist natürlich durchaus interessant, in der widersprüchlichen Lage, ein äußerstes sinnliches Erlebnis und Phänomen zu erinnern, es sozusagen halluzinativ gegenwärtig zu haben, ohne fähig zu sein, es sprachlich zu reproduzieren, es zu beschreiben.

Dieses Geräusch, das sie ausstieß, ist mit der Körperhaltung, die sie dabei einnahm, quasi synonym verbunden. Sie lag auf dem Rücken, die Beine so weit wie möglich gespreizt und hatte dabei die Knie scharf an die Brust heraufgezogen. Sie, nicht ich, das muß ich korrekterweise sagen, versuchte mehrfach, meinen Penis in dieser Position in ihren Anus einzuführen. Was aber nie gelang, da ich nicht darauf vorbereitet war. Was aber, auf der anderen Seite, als Versuch und bloßer, äußerer Kontakt, offenbar genügte, um sie. Ein oder zwei Mal onanierte sie auch, nachdem ich von ihr abgerollt war, mit zwei Fingern in der Scheide, was mir, und deshalb habe ich es wohl behalten, ungewohnt war.

Wenn nun durch das, was ich hier spontan hingeschrieben habe, und daß ich das getan habe, muß ich noch einmal ausdrücklich versichern, nun, und darauf komme ich nach wiederholter Lektüre des Vorigen, der Eindruck entstehen sollte, meine Erinnerung, was sie betrifft, sei ausschließlich mit sexuellen Verhaltensweisen, fast könnte ich sagen: Anomalien, gefüllt, so stimmt das keineswegs. Wenngleich. Aber der Satz, den ich mit: wenngleich anfangen könnte, würde doch als Einwand erscheinen, der zurücknimmt, was ich ja dennoch, ja gerade nicht: dennoch, sondern überhaupt sagen will.

Telefongespräche spielten zum Beispiel eine entscheidende Rolle. Sie war eine exzessive Telefoniererin. Und man kann sagen, daß sich unsere Bekanntschaft auch aus dem Muster und dem Rhythmus unserer Telefongespräche ablesen lassen hätte können. Ein Muster und ein Rhythmus, deren Entzifferung mir erst allmählich und mühsam gelang. Wenn überhaupt. Bis heute bin ich nicht wirklich sicher, ob ich, was so an Kommunikation statthatte, richtig lesen kann. Wobei zwei Dinge anzumerken wären. Dieses Telefonieren war deshalb so oft einseitig, weil im Verlauf des Telefonats Sperren bei mir entstanden, die mich hinderten, zurückzurufen. Oder mich überhaupt wie stumm machten. Damit hing dann zusammen, daß diese telefonische Kommunikation niemals, auch nicht bei leidenschaftlichsten, mitternächtlichen Versicherungen und Ausbrüchen, in mir die Gewißheit einer inneren Verbundenheit aufkommen ließ. Ich war getrennt eher, als daß ich sie erreichte. Und was an Inhalt herüber kam, gewann allzu oft den Charakter des Falschen, des Irrealen, ja des Phantasmagorischen.

Ich kann natürlich auch versuchen, diese Eindrücke zu rationalisieren. Danach wäre das Grundmuster unserer Telefongespräche, das sich ja nie geändert hat, eher schubweise an Schärfe und Deutlichkeit zunahm, nicht ein Charakteristikum unserer Kommunikation gewesen, sondern das Symptom von deren uranfänglicher und nicht zu beseitigender Störung. Die Eingrenzung auf das bloß akustischverbale Medium hätte dann offenbart, daß wir, sei es in der Form der Fehlleistung, der mißverständlichen und irreführenden Verabredungen, der gleichsam telepathischen Negation, daß wir, außer im Bett, nicht. War es so einfach? Und ist es deshalb, daß mir als erstes, wenn ich mich an sie erinnere?

Nein nein. So einfach war es nicht. Und nur deshalb, weil es nicht so einfach war, schreibe ich. Es war nicht einmal so am Ende, als die Aussagen der Absage, der Entfremdung, der Trennung wirklich einfach und unmißverständlich schienen.

Alles nämlich, was ich sage, so muß ich hier bekennen, verlangt, gesagt, sofort nach Einschränkung. Es ist so. Aber es ist auch nicht so. Das und das geschah. Aber es geschah so auch wieder nicht. Außerdem konnte ich, wenn ich der Meinung wäre, so und so stimmte es, auch wieder nur für mich sprechen. Ich habe sie, das muß ich auch bekennen, überhaupt nicht gekannt. Manchmal habe ich die Illusion gehabt, sie zu kennen. Momente, in denen ich weit weg, gelockert, distanziert war und wie von oben herabzublicken vermeinte. Momente der gelungenen Objektivierung, so schien mir. Momente zugleich der Rationalisierung, deren Durchsetzung, das war merkwürdig, mir nie als Verdienst erschien, sondern als Gunst, Gunst der Stunde, Gunst des Augenblicks. Gunst? Ungunst? So bin ich heute zu fragen versucht. Schwankungen und Unschärferelationen liegen dazwischen, die im nachhinein alles zu verwischen drohen. Manchmal war die Nachwirkung eines Telefongesprächs mit ihr wie ein Wind, der ganz plötzlich eine neblige Landschaft aufklärt und Ausblicke erlaubt, die man sonst nicht hat. Aber der Ausblick sofort wieder verdeckt. Kann ich denn die Gegend, die sich mit Nebel bedeckt hat, überhaupt rekonstruieren?

Ich muß hier noch etwas Grundsätzliches anmerken. Zu dem Vorsatz meines Berichts, dessen Veranlassung, das muß ich schon jetzt sagen, möglicherweise auch zum Schluß nicht erkennbar wird, nein, bestimmt nicht erkennbar wird, gehört es, daß ich nicht nur das, was ich weiß, und es handelt sich da immer nur um die Unumstößlichkeit der Bilder, trenne von dem, was ich zu wissen meine, nur für wahr halte, vage erinnere, wenn auch mit Erinnerungskern, sondern auch trenne vor allem von dem, was nicht von mir stammt, was ich nur gehört habe, was ich von Dritten und Vierten erinnere. Ich verzichte, bis auf Ausnahmen, auf die Ebene der Referenz. Lasse also auch alles aus, was bloß Biographisches, Meßbares, Überliefertes betrifft.

Vor die Aufgabe gestellt, ihr Erscheinungsbild so zu beschreiben, daß ein Fremder in der Lage wäre, sie zu identifizieren, würde ich versagen. Ein Eindruck von Magerkeit, Sportlichkeit, ein Eindruck von Haaren. Welche Farbe? Eher dunkel. Aber genau? Ich weiß es nicht. Statt dessen wiederum andere Erinnerungen. Immer wieder habe ich spontan, und befriedigend, das Bedürfnis gehabt, sie zu lekken. Nicht nur die Klitoris, sondern die ganze Länge des gespaltenen Fleischs bis hin zum Metallgeschmack des Anus. Keine Erinnerung daran, ob sie das mochte oder mich nur gewähren ließ, wie sie mich immer gewähren ließ, wenn. Ein noch weiter gehendes Detail, das ich deutlich erinnere. Die zuerst geringe und dann schubweise Feuchtigkeitsabsonderung und ihre übernormale Reinlichkeit, sie wollte tatsächlich, wie es in den Sex-Manualen heißt, jederzeit sauber und frisch geschrubbt sein wie ein Baby.

Davon aufblickend, nachsinnend, hinüberträumend, momentan entrückt, assoziativer Kurzschluß, der nirgendwohin führt, nicht einmal formulierbar scheint, vielleicht aber auch damit zusammenhängt, daß ich dies jetzt im D-Zug notiere, genauer, auf der Strecke Hannover-Göttingen-Fulda, die ich unzählige Male gefahren bin. Merkwürdig gebirgig-hügelige Landschaft, voll von grünen Wiesen, grünen Kornfeldern, grünen Wäldern, gerade jetzt, Ende Juni, eine Landschaft, die mich immer wieder, und gerade jetzt, Ende Juni, entführt in wer weiß was für Gegenden, die es nie gegeben hat außer in meiner Einbildung. Verhangenes Licht. Zwischen weichgeränderten flachen sich voreinander schiebenden Wolken hellblaue Spalten und Kanäle Blau. Gefilterte Sonne. Hinter Pappelkulissen blau beschlagene Ferne. Haferfeldkuppen. Weißes Mauerwerk in schwarzem Fachwerk. Der Monat, der noch noch ist. Monat unzähliger Geburtstage. Auch ihrer. Frühe Hitze auf der Unterlage kühler Regenwochen. Sprünge im Gedächtnis.

Ich habe ja viele Male mit ihr debattiert. Über alles, was man sich nur denken kann. Sie hatte die Begabung, einem das Wort im Mund umzudrehn. Spott war, was das Gespräch betrifft, einseitig und durfte nur von ihr eingesetzt werden. Ihre Gedankengänge gingen wie ein Rundlauf. Aber immer, wenn sie zum Ausgangspunkt zurückkehrten, hatte das Gewicht der eigenen Argumentation sich etwas verschoben. Ohne daß es ihr bewußt war natürlich. Viele Monologe, mit denen sie mich, wie andere, überfiel und zudeckte. Sie konnte die Stimme in einen Klagelaut auslaufen lassen wie das Sprechtempo zu knatterndem Staccato steigern. Oft waren ihre Dialoge nur Monologe, die der gelegentlichen Zustimmung bedurften. Das erinnerte mich oft an das Verhalten von Kindern, die sich zwar laut Mut zusprechen, aber doch da, wo sie, bei aller Lautstärke, unsicher sind, der Ermutigung von außen bedürfen. War sie ein kleines Mädchen, das sich nicht zurechtgefunden hat, aber ständig die Verpflichtung fühlt, alles fabelhaft zu finden? Alice im Wunderland ohne Wunder?

Der äußerste Punkt meiner Spekulationen ist durch die Überlegung gekennzeichnet, die abwägt, ob ich vielleicht für kurze Zeit ihr Wunder gewesen bin. Oder nur so einer wie ich. Aber das ist nur der Trost der Hybris, der mich traurig macht. Was ich nicht sein will. Vielleicht war ich, in dem Sinn, in dem Babyface ein Wunderknabe war, selber ein

Wunderknabe. Auch in dem Sinn, in dem Babyface, als Puddingface, zum Supermann geworden war. Vielleicht war es dieser Kleinmädchentraum, alles richtig zu machen, die Welt neu und besser einzurichten, von dem sie besessen war? Hat es nicht Augenblicke gegeben, in denen ich den Eindruck hatte, sie sei tatsächlich überzeugt, sie könne alles schaffen und alles leisten und alle besiegen?

Armes Mädchen, bin ich zu sagen versucht, aber schäme mich, diese Versuchung nur ins Auge gefaßt zu haben. Sie war schon recht. Es geht nicht darum. Worum denn? Das Muster der Felder, das jetzt eben am Zugfenster vorbeigezogen wird, erscheint mir wie der Lageplan eines Lebens, das vollendet ist. Aber wann ist Leben vollendet? Vollendet es sich nicht in jedem Augenblick aufs neue? Ist es sich nicht genug in der Summe der Bewegungen, durch die ich an diesem warmen Juninachmittag hindurchgetragen werde? Während im verdeckten Sonnenschein die Landschaft bis zu den Horizonten wie für die Ewigkeit wird, denn alles ist gut? Kiefernstämme und leuchtende Kiefernnadeln. Buchenstämme und leuchtendes Buchenlaub. Eichenrinde im Licht und Schatten und lichtdurchschossenes Eichenlaub. Birkenstämme und Birkenpudel in der hellen Sonne. Geruch von Teer, der plötzlich durchs Zugfenster dringt. Geruch von Holz, frisch gesägt, Geruch von Heu. Eindringend, sich ausbreitend wie Farbe im Wasser eines Bachs, der eben vorbeiblitzt. Welch ein Leben und welche Übereinstimmung, wie auf flüchtigen Brücken über spiegelnden Wasserflächen am Nachmittag!

Plötzlich schiebt sich eine andere Erinnerung ein, die sich bisher, aus welchem Grund?, gibt es Gründe?, versteckt hat. Sie pflegte hinterher nicht, entspannt?, war Entspannung denkbar?, dazuliegen, sondern hektisch herumzulaufen und alles mögliche gleichzeitig anzufangen. Wenn ich faul vom Bett aus zusah, schleuderte sie wahllos Sätze des Vorwurfs, der Zärtlichkeit, der Verhöhnung und der Verzweiflung gegen mich, auf die ich nicht antworten konnte. Versuchte sie, Abstand von ihrer Libido zu gewinnen? Was heißt das? War es ein Tick? War es eine Veranstaltung, eine Aktion, eine Szene, ja ein Szenarium, in dem sie die Erniedrigung durch den sexuellen Akt vermindern, abflachen mochte?

Wenn ich so weit bin. Dies ist ja nicht das erste Mal.

Gewisse Mechanismen, die sich abspulen. Tieferes Eintauchen in die Halluzination? Der Monolog, der nicht enden will. Todmüde und weinverwaschen Kapitulation. Wie von Rauch ganz angefüllte räumlich erkennbare Ewigkeit. Tief bis zur Wurzel des Schwarzen, Unermeßlichen eingedrungen. Ich habe gehört, und hier muß ich referieren, denn dies ist Hörensagen, daß sie heimlich ein Bandgerät eingeschaltet und später abgehört habe, was sie monologisierte. Ich suche nach Anhaltspunkten, die mir andeuten, ob ich etwas davon geahnt haben konnte, ob sie Andeutungen gemacht haben konnte, die ich überhört hätte. Ich finde nichts. Ja vielleicht, hier und da ein paar Punkte. Aber vage, allzu vage. Oder, wenn ich nachdenke? Bohre? Könnte ich, abhörend, vorausgesetzt, das Hörensagen stimmt, die Geräusche? Hätte es dann mit Zeit zu tun, lange vergangener, aber aufgestauter Zeit? Ich weiß, jetzt, daß ich eins nicht will, weiter bohren.

Ich will nicht weiter bohren. Nur ein Nachtrag, was das Referieren betrifft. Ein gemeinsamer Bekannter, dessen Karriere als die Verwandlung von Babyface zu Puddingface beschrieben werden kann, hat einmal gesagt: Mit ihr wird alles Szene. Stimmt das? Kannte Supermann Puddingface sie gut genug? Hat er, nebenbei, mit ihr geschlafen, wobei mir, nebenbei nebenbei, einfällt, daß ich niemals eifersüchtig gewesen bin, korrekt, wenn ich schon korrekt sein will, daß ich Eifersucht, wo sie aufzukommen drohte, immer rasch weggeschoben habe. Habe ich es?

Noch ein Hörensagen. Das letzte, notwendigerweise. Aber dies habe ich gewiß nicht von Puddingface gehört, ich habe nicht wieder mit ihm geredet, seit. Nach einem längeren Diktat, so habe ich gehört, habe sie überraschenderweise ihrer Sekretärin, einer spitznasigen spärlich behaarten Blondine, die ich nicht leiden konnte und deren Charakterisierung ich mir, deshalb?, unumstößlich sicher bin, mitgeteilt, sie lerne jetzt fliegen. Als diese sie höflich gefragt habe, Aero-Club, welche Maschine usw., habe sie gesagt, nein nicht so, sondern wirklich fliegen. Sie habe ein Röhre mit Tabletten aus der Hosentasche gezogen, einige davon geschluckt, sei mit raschem Schritt zum Fenster gegangen, habe es geöffnet und sei, mit weit ausgebreiteten Armen und dem Ausruf: So! hinausgesprungen. Aus dem sechsten Stock, muß ich hinzufügen. Die Sekretärin habe einen

Schock erlitten. Vielleicht ist sie auch, so denke ich jetzt, nur einfach umgefallen und hat sich danach geweigert, die Realität anzuerkennen. Sieht in vorbeihuschenden Fledermäusen oder im schleppenden Flügelschlag, der blechernem Gebell folgt, eines Fasans nur immer sie, die nun nie mehr.

Ja, ich habe von ihr geträumt, und weil mir das keine Ruhe ließ, wie in einer anderen ordinären Geschichte, habe ich angefangen zu schreiben. Sie war ein schwarzer Engel. Aber sie war ebenso ein großer, dicht befiederter, aufrecht sitzender, dunkler Vogel. Als sie den Schnabel öffnete, kam ein tiefer, gurgelnder Laut daraus hervor, eine Art Kollern, nicht drängend oder wie von Begierde gepreßt, sondern selbstbewußt und wie von Gelächter unterlegt. Vom Schnabel bis zum Schwanzende zog sich längs über die Brust eine tiefe klaffende Wunde, deren braunrotes Fleisch glänzte wie von eben aufgetrocknetem Blut. Ich umfing sie zärtlich und küßte behutsam ihre Wunde, während sie unaufhörlich mit ihrem festen, beinernen Schnabel über meinen Kopf strich.

Hallo, sagte ihre Stimme über mir: da bist du ja endlich. Und plötzlich war aus dem Hornvogel ein lang aufgeschossenes Mädchen mit braungebrannten Armen und Beinen geworden, das barfuß, auf Zehenspitzen vor mir stand und mich umarmte. Und es war ein Sommermorgen in Emden und zugleich eine Sommernacht im Berliner Tiergarten mitten im Kinderland. Wir preßten uns aneinander. Sie sagte: Und ich habe schon gedacht, es würde nie mehr klappen. Ich habe doch immer nur gewartet, hörte ich mich selber sagen: daß der Hornvogel schreit. Er hat geschrien, nun ist er frei, sang sie im Singsang der Kinderverse: und was schlimm war und sein wird, ist einerlei. Und die Sonne ging auf und unter gleichzeitig, das war das Zeichen dafür, daß die Zeit aufgehört hatte und wir angekommen waren. Zusammen sangen wir: Es geht um das Ganze, wir haben den Mut. Es wächst, was wir pflanzen, und alles wird gut.

Wie ein ausgebleichtes braunes Foto im Aufwachen: noch immer das eine Brillenvogelauge hinter der Kralle mit dem zerknüllten Papiertaschentuch. Und ich habe auch geträumt, daß ich fürchte, es könnten trotz aller Vorsichtsmaßnahmen die drei oder vier Morde, die ich auf dem Gewissen habe, ans Tageslicht kommen und wie lange es dauern würde, bis ich entdeckt sei, und wie vielen anderen es ebenso gehe. Ich denke daran, was geschehen wird, wenn die Leichen aufstehn und mit dem Finger auf mich zeigen werden, auf mich und auf andere.

Was mir, aber immer erst hinterher und zu spät, auch noch einfällt, wenn ich an sie denke: zu ihrem Reinlichkeitsbedürfnis gehörte es offenbar, daß sie immer ein Fleckchen Nivea-Creme auf ihre Klitoris schmierte.

Landschaft mit Wörtern

Bräune der Dezemberbüsche am HSV-Platz Rothenbaum
unterbrochen vom weißen Knacksbeerengesprenkel kaum
Leuchtplastik der Tennishalle Club an der Alster unter den
  weißen Wolken der Nacht
Mövenschwärme vor den Landungsbrücken und das
  Vergessene umgebracht
Rückblick von Onkel Max Bernhard-Nocht-Straße auf
  Blohm und Voß
Finkenwerder Fährschiff schwingt vom Pöller in die wie
  Silberpapier geknitterte Oberfläche der Elbe los
frühere Chinarestaurants auf der Reeperbahn die Fläche der
  Reeperbahn von Regen leer
wenn die Toten auf die Erde zurückkehrn haben die
  Lebenden keine Zeit mehr

Gespräch Aug in Auge querüber Berlin
Büroschreibtisch Stuttgart ich ihn
leid tun es hat mir Laternengesicht
Pizzeria Mainz auch das nicht
querüber Darmstadt kein ein wenig
Dannenberg Hörspiel Revolution ein König

plötzlich ist Regen aus niedrig gelagertem Himmel gesackt
Regen macht die Stadt Hamburg geräumiger und auch
  kompakt
halbausgeführt halbverkramt Durchnäßtes dehydriert
Abverirrung Dekomposition ganz weg exiliert
halbertrunkener Kahn im toten Flußarm und Böen vom
  Meer
ruf mich ruf mir zu schwer gefallen Fall schwer fallen schwer

erdab Kante abkante abgekartet
Kopfsteinhof kopfaufknall abgewartet
schreiend runter wenn ich nun ich sag
oder nicht ich sagen ich mag
lautlos Schreier und vor der Tür
schrei doch los kein ach für

Schneise in die niedrige Wolkendecke aus Trostlosigkeit
Examen bestanden es geht schon laß man es tut mir leid
Wolkenschattenhorden flüchtig übers sturmgefegte Land
dem Schritt ist das Terrain geläufig doch dem Blick unbekannt
Lichterkettennachricht unter den Schlagzeilen grünroter Abendhimmelstreifen
das Naheliegende ist am schwersten zu begreifen
ein einsam erleuchtetes Fenster schwimmt an mir vorbei durch die Nacht
Landschaft die erträgt der Dunkelheit unerträgliche Tracht

Rotfeuergespräch Riedfeuergespräch Gesprächabbruch
Unterbruch Pflastertag Fassadentuch
ausgestrichelt gestückt auseinander Mund
nichterinnern Stirn Auge Ohr und was bunt
Winkelmund Kinnpartie Zigarettenrauchstrauch
Tonfall gefällig Lüsternheit auch

Erinnerung von lang nachflackerndem Nachtlicht getötet
Erzählung von fröstelnd rostigen Morgenröten gerötet
nichts mehr erkennbar als die schwarze Kontur vor schwärzerem Grund
weitauf ohne Ton der Ruf aus ausgerissen ausgefranstem Mund
Gedächtnis in Sentimentalität gewässert
lebendig ist besser als tot und jedes Leben wird durch den Tod verbessert
träge Bläue des Morgenrauchs über tintigen Vorgärten ein Tag vor Silvester
vor fünfzehn Jahren vier Wochen zehn Tagen alles gestern

ausgefickt ausgefegt ausgefeuert ausgefragt
abfragen abfransen abpflocken abgenagt
Drachen Libido Drachensteigen schnurab
über den Fluß und die Wälder hinauf und hinab
Vöglein Libido in windiger Ferne und bunt bunt
kleiner werdender Farbfleck laß man und bunt

Zweizeiler gereimt die ich in Straßenbahnen im D-Zug im Gehn im Büro oder zu Haus am Schreibtisch notiere
damit ich das flüchtig formuliert Auftauchende nicht gleich wieder verliere
murmle ich quatsch ich ruf schrei rede ich in den Wind
oder einfach nur vor mich hin außerhalb dieser Rede blind

Seeufer oberhalb Biel nachts

stockend schleppende Redeweise die nackt entblößt die
Phantasie sich vorzustellen anregt
schwarzer Wind quer über schwarzen See bewegt
Wind kann aber nicht schwarz sein Wind hat gegenüber
Gemütswert nur
Richtung Geschwindigkeit Temperatur

flüchtiger Augenblick dieser vom Entblößten Phantasie der
die Zeit verschiebt
Einblick in den sich öffnenden und schließenden Schritt weil
es überhaupt keine Zeit mehr gibt
Binnensee schwarze Fläche draußen und innen drin
lichterumkränzt und funkelnd aber indem ich Entblößtes
erkenne werde ich unfähiger auszusprechen wo ich bin

flüchtiger Akt der Phantasie Subjekt überlagernd das ins
Gegenüber sich zu verlieren begehrt
Projektion fixe Idee sexueller oder wie oder umgekehrt
indem ich mir selber eine Mixtur aus Anblick Anfassen und
Ausgedachtem eingebe
werf ich Erinnerung vorweg wie ein Bild auf das ich nicht
hin sondern von dem ich weg strebe

angesprochen und angesehen immer schon und würde
immer auch immer wieder
dahinter nicht erotisch sondern sozial bricht der Dialog ab
und nieder
pochender Takt eines Motorboots im Dunkel unerreicht und
umklammernd nah
Othello Julia Hamlet Desdemona Romeo Ophelia

aufblenden übern Klippenrand sah ich den entblößten
Körper fliegen
im Überschlag sanft anlandend Brust an Brust blieb er an
mir liegen

nackten Fleisches geschwungene Lichtspirale in schwarzen
Wind geschrieben
artikulierbar allein was Überhergeschichte überher
geblieben

flüchtiger Anblick der Kimme darunter karminrot der Labia
Mund
dünner Schnee wie liegengeblieben flüchtig auf erkältetem
Grund
klemmenden Bauchspecks blond gesträubte Zungen Haar
quellendes Beinfleisch Fleischtaschen gespannte
Arschbacken Paar um Paar

Beckenhaut Backenhaut Arschbackenhaut Haut der Scheide
worauf ich hinstarre was ich anseh oder anzusehn vermeide
Haut statt Fleisch Haut als Fleisch das es ist du bist da ist
nicht ich bin
Fleisch welches Fleisch Fleisch von wo von wo nicht Fleisch
schlechthin

das Aufregende des Anblicks nimmt nicht ab sondern zu
was ich sehe der Blick erregt stärker als was ich tu
Blick der halluziniert gefallen auf darauf gefallen
drauf gefallener Blick der durch dringt und sich durchsetzt
in allem und allen

Haut aufgeschnitten aufgeplatzt offenlippig elastisch
fleischig dick
schmerzhaft eingeprägtestes Bild zitternd unvergeßbar
ausgespannt in den dorthin blickenden Blick
mit dem Mittelfinger in die Vagina einzudringen die
Schwellflecken hat und dabei zuzusehn
nicht das Gesicht des Körpers sondern des Körpers
Reizzone sich zuzudrehn

nicht der Appetit der gestillt werden kann und gestillt
werden muß
sondern des Blicks nie zu befriedigender nie beendbarer Kuß
Anblick von was sich zuckend ausstreckt und
zusammenzieht noch immer unverbraucht
diagonal verlaufende Wand unter einem schwarzen Himmel
der von Frühe raucht

traumentlang im Rührteig des Unbewußten herumgerührt
wovon im täglichen Planungsverstand Spuren nur aufgespürt
wie eine Medizin ohne die weiterzuleben ich nicht fähig wäre
auf dem See der Begierde eine nie ans Ufer gelangende schwarze Fähre

aus Geräusch Schotter und grünspangrüner Befleckung ist ein Muster zu erschließen
während langsam auspulsierende Nachtlichter Nachtlichter über uns ausgießen
weiße Zeichnung des Sandwegs am nachmitternachtbleichen Hang
Geschichte aus Schatten und Schattenrissen schwarz überwuchernd den Weg entlang

Tauben zerblöken in stampfenden Metren die Blöcke der Vordämmerung
da heben die Stempel der Bäume sich gleichwie alterslos jung
Stempel der Bäume die haben ein anders prägendes Vermächtnis
das vermischt und überträgt sich in unser neu aufwachendes Gedächtnis

Muskeln die in Berührung zu zittern beginnen
wie Buchseiten aufeinander geklappt das Lesbare innen
Schwärze des Windes nun von kompakterer Körperlichkeit
zu Inseln geronnen dazwischen Risse Kanäle heller farbiger breit

kehligen Anlauts Luft scharf durch die Zähne gezogen
und mit geschlossenem Aug der Hals wie ein einziges angeschwollenes Lid emporgebogen
Fleisch an Fleisch Backe an Backe Haut an Haut
unaufhörlich vernichtende Phantasie
sie haben einander zur Nacht gefunden und festgehalten und nie

Zweitschriftgedicht

wenn dies Zweitschrift ist was ist dann die erste gewesen
war jene besser als diese oder diese besser zu lesen
wenn der zweite Brief vor dem ersten eintrifft und dieser
jenen jener diesen widerruft
wird dann die Reihenfolge dessen was Ursache ist und was
Wirkung umgestuft
wie die Hand abschiednehmend wiederkommt wird dann
Abschied Anfang sein
Hand in Hand aus heraus und in sie hinein
Nebel der aufsteht aufwallt wegstreicht wegweht verdoppelt
Kontur
blindlings in Nebel hinein welcher folgend geleitet von
welcher Spur
Kuckuck ruft und widerruft jede die ich getroffen
Interpretation
dieser Kuckucksruf ist nichts als seines Rufens tönender
Ton
wenn in Zug und Gegenzug von Wunsch und
Wunscherfüllung das Spiel längst scheint abgekartet
kommt was eintrifft dennoch immer noch unerwartet
wenn die verklebtesten Falten der Phantasie sich in der
dünnsten Stunde der Nacht nach außen beulen
geschieht das in lautloser Stille einzeln vielleicht ein
Schnaufer aber ohne das berühmte Zetern und Heulen
nicht die Verirrungen des Herzens sondern das der auf
unvereinbare Ziele gerichteten Begierden Labyrinth
macht mich je mehr ich von diesen mir selber verheimlichten
Zielen erkenne umso blinder blind
alle beschämenden Augenblicke meines Lebens in ein
einziges schwarzes Loch aus negativer existenzieller
Materie zusammen gedrängt
das plötzlich unabweisbar und mich ganz zu verschlingen
drohend meinen welchen Himmel verhängt
verlorne Niveadose am einst wann lang lang her
Nimmerkehrwiederstrand
auf die sinnliche Registratur des Alltags ausgesprüht der
Spray Kinderhand

mein aus Gesicht Gehör Geschmack Gefühl erbautes
lebendiges Haus
Phantasie lebt von Erinnerung aber bildet selber keine aus
so beruhigend daß man schließlich ganz verschwindet in den
eigenen Wahn
nicht totsein sondern der Vorgang des Sterbens ist die
wirkliche Selbstverwirklichung dann
wenn dies Zweitschrift ist und die erste unauffindbar oder
gelöscht werden kann
dann gehöre ich dem der gelöschten Erstschrift berühmten
Orden an

Einäugigenherbst

Einäugige erkennen
sich leichter
mehr ist dazu
nicht zu sagen

Baumherbst

das Geflecht der Bäume
ist zu durchschauen
ohne daß man hindurch
schaut mehr ist dazu
nicht zu sagen

Oktober mit Eduard Mörike

Oktoberrauch
betrifft mich auch

die Farben kommen spät
Altersidentität

der Schleier welcher fällt
herbstkräftigt diese Welt

schuldhaben gegen Schuldversprechen
so kann ich mich an allen rächen

daß Dr. Bataille in Köln wohnt
Aachenerstraße was sich aber auch nicht lohnt

Geschichte die Maurizio Kagel erzählt hat
die vergessen zu haben mich gequält hat

plötzlich an Lilo erinnert Nieselregen vorm Bahnhof Mainz
Nicolas Borns Pizzeria abends innen weints

Monaden geklumpt im Froschteich der Soziologie
ich möchte so gern Schlagermelodie

multifokaler Blick
dreht kreiselnd mein Genick

schreit des Vergeßnen Mund
die Wälder werden bunt

aufplatzt den ich versuche
der Vers aufglüht die Buche

Verlust und nicht Verlust
sind mir und nicht bewußt

Einst und Jetzt im Wechsel fliegender Blitz der Gedanken
macht mich stumm hoch wallt meines Herzens Schwanken

Gedicht von Innenleben mit Sigmund Freud

mein Innenleben ist eine Wohnung durch die ich hindurch gehe wie ein Windzug am Morgen
aufgeweckt aufgewacht
Ästhetik ist die Lehre von den Qualitäten unseres Innenlebens
Regenböen stechen mein Gesicht Windstärke zehn beugt mich zu spitzem Winkel
atemlos steht mein Innenleben zwischen Licht und Schatten
in den Ecken bewegen sich die Fledermäuse der Chimäre krallenfingrig
hinterm Schreibtisch wirds unheimlich lebendig
dieses Unheimliche ist dem Seelenleben von alters her vertraut
Wegränder in den Sommerregen gehängt Sternbilder der Holunderblüten
unheimlich gewiegt innen
taumelnd lautloser Aufschrei
alles Fixe in mir hat gebebt
es verschlägt mir die Sprache
es verschlägt mir die Sprache nicht
Ausflüge ins Auge der Schwärze der Liebsten
Querlicht
Quergänge
Querriffs des Regenhimmels
Innenlebenklitoris zitternd
Solarplexusherd
weggebrannt weggerannt
Dauerrauschen der Pappeln
Regenkalkül
dachte inzwischen es ist wirklich nur Quatsch und dir fällts wie Schuppen von den Augen
Augen im Dunkeln unzählig
Sperma auf dem Augenlid
der von den Triebregungen ausgehende Wiederholungszwang
das Meer im Bauch das sich langsam umdreht

Zaubersprüche des Mittelfingers die das Ei zuzuschließen
bemüht sind
zerplatztes Auge feurig auslaufend
schlangenäugig Aalknoten
Wiedersehen geträumt vieräugig
ich liege eingebettet in meine Morgenwacht
gefunden ist geworden was meine Zunge macht
in Traum bin ich gebadet ich bin in Schnee gespült
gefüllt in Wörter ist gefühlt
erlöst im Text zusammen traumschwarzes Engelhaar
sagbar ist immerdar

Der Zwischenfall im Institut für Psychohygiene

1 Die Angestellte eines wissenschaftlichen Instituts, die stets als zuverlässig und besonnen gegolten hatte, überraschte eines Morgens Kollegen, Mitarbeiter und Außenstehende durch ungewöhnliches Verhalten.

2 Die Mitarbeiterin des Instituts für Psychohygiene, die sich mit der Erforschung des Zusammenhangs zwischen Körperpflege und Frigidität befaßte, Evelyn, eine als besonnen geltende Frau, die höchstens durch einen überdimensionalen Busen auffiel, wurde eines Morgens mangelhaft bekleidet im Hinterzimmer der Pförtnerloge aufgefunden.

3 Das Institut für Psychohygiene, begründet vom allzu früh verstorbenen Aristide Wallroßbürster, beschäftigte einen Pförtner, der den größten Teil seiner Zeit im Hinterzimmer der Pförtnerloge mit dem Betrachten von Videokassetten mit Westernfilmen verbrachte.

4 Es war ein sonniger, etwas kühler Morgen Anfang Mai, als man im Hinterzimmer der Pförtnerloge des Instituts für Psychohygiene den Pförtner Barrabas, einen wortkargen und schnauzbärtigen Junggesellen, zusammen mit Evelyn, der dickbusigen Mitarbeiterin des Instituts, fand, beide kaum bekleidet.

5 Obwohl sich Barrabas schon einmal darüber beklagt hatte, daß Evelyn ihn beim Betrachten von Video-Western störte, hätte niemand gedacht, daß er sich an ihr oder sie sich an ihm vergreifen könnte.

6 Es war einer jener Frühlingsmorgende, die einen, wie Evelyn sagte, an Kindertage erinnerten.

7 Auch die Frau, die gegenüber die Rechtsanwaltspraxis reinmachte, hatte sich gewundert, daß Barrabas nicht, wie gewohnt, vor der Tür stand.

8 Adalbert, einer der übrig gebliebenen Mitarbeiter des späten Wallroßbürster, äußerte den Verdacht, der Zwischenfall könne dadurch provoziert worden sein, daß er Evelyn gegenüber geäußert hatte, er halte Barrabas nicht für einen Menschen, sondern für einen Extraterranian.

9 Evelyn wiederum gab später zu, sie habe in der Nacht vorher einen Traum gehabt, in dem Barrabas als Heilsarmee-

major auftrat, der ein Bordell mit älteren Damen betrieb, ein, wie sie sagte, glänzender mechanischer Liebhaber.

10 Auch das Geständnis, das Evelyn ablegte, sie habe bei der Zubereitung des Beefsteaks, das sie mit Barrabas zusammen essen wollte, allzu viel Rum mit Cola getrunken, dem Lieblingsgetränk von Barrabas, befriedigte niemanden, vor allem, da der Pförtner am gleichen Tag spurlos verschwand.

11 Tatsächlich soll dieser von einem Unidentified Flying Object in der Wüste von Nevada abgelegt und von der radioaktiven Strahlung, die dort in den fünfziger Jahren herrschte, ausgebrütet worden sein und beim Ausschlüpfen als erstes den Schauspieler John Wayne, der sich dort zu Dreharbeiten an einem Western aufhielt, erblickt und für seine Mutter gehalten haben, was die Sucht auf Westernfilme als quasi pränatale Erinnerung erklärte.

12 Weißt du, meinte Evelyn zu Adalbert, was Barrabas und mich verband? was denn, fragte Adalbert, das war, daß Barrabas es albern fand, daß ich Pferde als Sexualsymbole primitiv fand.

13 Sehr viel später, als der letzte Mitarbeiter außer Evelyn und Adalbert, der den Zwischenfall miterlebt hatte, ein ergrauter Adornoschüler, mit dem Fahrrad tödlich verunglückt war, sagte Evelyn zu Adalbert: du ahnst nicht, wie er wiehern konnte und nach einer Pause: und jodeln.

Versuch einer Rekonstruktion

1 Die im Traum entdeckten Papiere, schriftbedeckt, als entzifferbar beiseite gelegt, aus dem Traum in den Traum zurückgekehrt, entziffert, nun dennoch endgültig im Traum zurückgelassen.

2 Die im Traum entdeckten Papiere, schriftbedeckt, einem, so ist erinnerlich, bestimmten Zusammenhang zuzuordnen, dennoch endgültig im Traum zurückgelassen und verloren.

3 Von diesen im Traum entdeckten Papieren, Schriften, beschriebenen Blättern, Konvoluten hat sich eine gewisse Erinnerung erhalten, Erinnerung auch daran, daß sie einem bestimmten Zusammenhang zuzuordnen seien, dennoch unentzifferbar im Traum zurückgeblieben.

4 Die gewisse Erinnerung, die sich erhalten hat, ist die an etwas Scharfes, Geballtes, Dichtes.

5 Die Erinnerung, die sich erhalten hat, die an etwas Scharfes, Geballtes, Dichtes, hat jede Ahnung vom Inhalt der beschriebenen Blätter verloren.

6 So hat die gewisse Erinnerung, die sich erhalten hat an Papiere, Schriften, beschriebene Blätter, Konvolute, entzifferbar, dennoch unentziffert im Traum zurückgelassen und verloren, nichts behalten als ein paar formale Kategorien.

7 Oder hat die Erinnerung von den im Traum zurückgelassenen Papieren, Schriften, beschriebenen Blättern, Konvoluten eben nur das behalten, was sie als Gegenstände erinnerbar macht, nicht aber als Träger von aufgeschriebener Mitteilung?

8 Zusätzlich nur die Erinnerung an ein gewisses Bemühen um die Entzifferung der Schrift?

9 Es erscheint der Erinnerung vor sich selber, es habe ein gewisser Wechsel des Traums von einer Ebene auf eine andere stattgehabt, eine gewisse Vertauschung von Traum in Traum, darin eingeschlossen der Eindruck, das Bemühen um Entzifferung sei durch das Erwachen im Traum bewirkt worden.

10 In den dunkleren Tiefen des Hintergrunds der Erinnerung scheint auch die Spur des Wissens davon aufbewahrt,

daß dieses Bemühen im Traum überflüssig war, da die Schrift leicht zu lesen war.

11 Daß sogar die Schrift auf den nun endgültig im Traum zurückgelassenen Papieren, Schriften, beschriebenen Blättern, Konvoluten überhaupt nur mitteilte, wovon der Traum träumte.

12 Das würde, so läßt sich die Erinnerung rekonstruieren, bedeuten, daß im Traum und im Traum vom Traum garkeine Unklarheit bestanden hat, daß aber der Vorgang der Entzifferung allein wichtig gewesen ist für den Erwachten, genauer, für den Übergang vom Traum ins Erwachen, für die Übertragung des Traums ins Erwachen.

13 Die Übertragung aber nicht des Bildes der Schrift, sondern ihrer Entzifferung vom Traum ins Erwachen bedeutet, daß ein Bild des Traumgeschehens in die Erinnerung hinübergebracht worden ist, Eindrücke von enggeflochtener oder breit ausgemalter Schreibschrift, eng gesetztem oder offenem Satzspiegel mit schmalem oder breitem Rand, hier und da sogar farbige Schrift usw., daß aber der Inhalt der Botschaft verloren ist und je dringlicher die Wacherinnerung sich bemüht, an diese Botschaft heranzukommen, umso verlorener ist sie.

Was man wörtlich nimmt oder Die Grenzen der Willkür lernt man leichter auswendig, als man denkt

Die vorliegende Auswahl präsentiert sich als Lesebuch, ohne indessen nur eine Zusammenstellung bereits kanonisierter Texte sein zu wollen. Der Schwerpunkt liegt auf Texten, die bislang wenig oder gar nicht beachtet wurden, die es also noch zu entdecken gilt – und damit sind nicht nur solche gemeint, die aus vergriffenen oder ein wenig abgelegenen Publikationen stammen wie ›Bruchstück 1‹ und ›Hinterm Zaun‹. Wenn daneben auch Texte vertreten sind, die bereits Eingang in Anthologien und Schullesebücher gefunden haben oder zum Gegenstand literaturwissenschaftlich-sprachanalytischer Untersuchungen gemacht wurden wie ›das Sagbare sagen‹ oder ›Politische Grammatik‹, so geschah das weniger zum Zweck des »Wiedererkennens« – was im Umgang mit Literatur fast immer fatal ist –, als in der Absicht, das Bekannte als neu zu Entdeckendes zu empfehlen. Die vorliegende Auswahl versteht sich also als Lesebuch, das zugleich Anregungen für eine neue Lesart geben möchte. In dieser Perspektive hat der aus einer jüngeren Rezension Heißenbüttels stammende Titel ›den Blick öffnen auf das, was offen bleibt‹[1] programmatischen Charakter.

Diesem Ziel ist nicht nur die Auswahl, sondern auch die Anordnung der einzelnen Texte untergeordnet. Ungeeignet im Hinblick auf eine neue Lesart erschien eine Gruppierung nach Methoden der Textherstellung. Das war sinnvoll zu einem Zeitpunkt, als sich die Einsicht, daß Literatur es nicht unmittelbar mit »Inhalten« zu tun hat, erst allmählich durchsetzte. Experimentelle Literatur begann sich zu diesem Zeitpunkt als eine Form von Literatur herauszukristallisieren, die, wie Harald Hartung es formulierte, »die Sprache als Material und zugleich als Thema methodischer Untersuchung«[2] begriff. Abgesehen davon, daß sich diese Definition inzwischen als unzureichend erwiesen hat, hätte eine Gruppierung nach Methoden zum gegenwärtigen Zeitpunkt lediglich die Funktion einer Art Übersicht, die von den konkreten Texten eher weg-, statt zu ihnen hinführt und damit jenem Teil der Rezeption Vorschub leisten würde, der in der Beschreibung der Methode schon den ganzen Text zu haben glaubt.

Die Anordnung der Texte in diesem Band folgt der Chronologie, ohne sich dabei jene Teleologie zu eigen zu machen, die die bisherige Heißenbüttel-Rezeption weitgehend bestimmt hat. ›Kombinationen‹ und ›Topographien‹ wurden immer wieder als »Vorstufen« gewertet, die, so Otto Lorenz, »das Grundthema der Registration und Montage des Vorgefundenen« schon »im Titel präludieren«[3]. In dieser Perspektive hätte es sich angeboten, einen jener Texte auszuwählen, die – wie ›Bruckstück 3‹ oder ›Einst‹ – solche Elemente in einer bereits identifizierbaren Form enthalten. Ein derartiges Verfahren erscheint indessen zu kurz gegriffen, weil es einerseits eine Homogenität suggeriert, die es so nicht gibt, und andererseits auf einer inzwischen obsolet gewordenen Vorstellung beruht, die – sich auf Rimbauds Definition des Dichters als eines »multiplicateur de progrès«[4] berufend – »Avantgarde« oder »experimentelle Literatur« an den Begriff des Fortschritts koppelt, in diesem Fall also die frühen Texte nur mit dem »Blick nach vorn« – auf die ›Textbücher‹ – wahrzunehmen in der Lage ist. Das zeigt sich etwa bei Reinhard Döhl, demzufolge die ›Bruchstücke‹ einen »ersten, noch rückwärts gewandten Schritt vom traditionellen Gedicht weg«[5] darstellen, »das Vorläufige, das noch nicht Vollständige [!] betonen«[6], während in den Titelgedichten der ›Kombinationen‹ bereits die »methodischen Konsequenzen« gezogen seien, mithin der »Schritt nach vorne«[7] erfolge. Döhl hebt hervor, »wie schwer« Heißenbüttel die »›Abkehr‹«[8] von der Tradition falle, übersieht dabei jedoch, daß die ›Bruchstücke‹ nicht Relikte, sondern konstitutive Bestandteile der ›Kombinationen‹ sind und Rückschlüsse auf Heißenbüttels Umgang mit der Tradition erlauben. Harald Hartung hat demgegenüber auf die »doppelte Perspektive im Werk Heißenbüttels« hingewiesen: »die des ins Offene, nach vorne gerichteten Experimentierens und die des nach rückwärts, auf einen bestimmten Fundus an Erfahrungen gerichteten Rekapitulierens«[9]. Die Konsequenz besteht für Hartung allerdings lediglich darin, Abstriche an Heißenbüttels »Avantgardismus« zu machen, indem er ihn als »konservative[n] und konservierende[n] Experimentator«[10] bezeichnet.

Hinzu kommt, daß er den erwähnten »Fundus« als »dem (veröffentlichten) Werk Heißenbüttels voraus [liegend]«[11] ansieht. Ein Text wie ›Bruchstück 1‹ zeigt aber, daß dieser »Fundus« *Teil* des veröffentlichten Werks ist. Das dem Band vorangestellte Kafka-Motto – »Von einem gewissen Punkt an gibt es keine Rückkehr mehr. Dieser Punkt ist zu erreichen« – wertet die ›Kombinationen‹ als Ort des Traditionsbruchs. Üblicherweise erscheint dabei Tradition immer als »die der anderen«. Heißenbüttel erkennt sich demgegenüber als Teil der Tradition und bezieht folgerichtig die eigene poetische Praxis in den zu leistenden Traditionsbruch ein. Die »rigorose [ ] Konsequenz«, die er dem Carl Einstein der ›Fabrikation der Fiktionen‹ bescheinigt, für den »keine Rücksichtnahme« mehr gelte, »auch die nicht auf sich selbst«[12], findet sich bei ihm selber, allerdings mit dem Unterschied, daß diese Rücksichtslosigkeit bei Einstein am Ende seiner offen fiktionalen Produktion[13] steht, bei Heißenbüttel dagegen an deren Beginn. Von hier aus erscheint er als Vertreter eines Avantgardemodells, das neben die bereits vorhandenen Modelle tritt: Während etwa Rimbaud der Literatur den Rücken kehrt, auf den Wunsch, »das Leben zu ändern« verzichtet und Kaufmann wird, Einstein anscheinend die Literatur zugunsten eben dieser Veränderung des Lebens durch politische Praxis aufgibt, Dieter Roth in wahlloser Summierung nur noch sein »täglich stattfindendes Gelebe zeigen«[14] will oder Sollers sich als offensiv auftretender Verfechter traditioneller Schreibweisen zu gerieren versucht, scheint Heißenbüttels Experimentieren und Dekonstituieren der Tradition von Anfang an konstruktiv zu sein. Dieser Konstruktivismus bestünde darin, daß er literarisch-sprachliche Verfahrensweisen so systematisch wie möglich erprobt, und zwar nicht als »Selbstzweck«, sondern im Hinblick auf Möglichkeiten ihrer Anwendung, was sich besonders deutlich im Bereich der Syntax zeigen ließe.

Die ›Kombinationen‹ als Ort des Traditionsbruchs zu bestimmen, bedeutet indessen nicht, daß Gedichte wie ›Bruchstück 1‹ – von Döhl als »ungeschickte[r] Versuch einer Neuzusammensetzung«[15] vorgängiger Texte apostrophiert – eindeutig jenseits, andere Texte aber eindeutig diesseits des »zu erreichenden Punktes« zu situieren wären. Die Auffassung, daß die »Bruchstücke« nicht Bruchstücke *sind*, sondern aus

Bruchstücken *bestehen*, dürfte eine aus dem Titel des Bandes abgeleitete Verallgemeinerung darstellen. Seine Einheit erhält ›Bruchstück 1‹ durch die Reihung existentieller Themen *als* poetischer Themen – Erkenntnis, Liebe, Sexualität, Wahnsinn (mit spürbarer Wendung zur Hölderlin) – und gipfelt im Bild des Pfaus als eines – mit Jandl gesprochen – »heruntergekommenen« Symbols. Indem der Pfau gleichzeitig als Symbol und als Symbol der Entwertung von Symbolen im historischen Prozeß erscheint – das Symbol der Schönheit und Unsterblichkeit verflacht zum Symbol der Eitelkeit –, bleibt die Schreibweise buchstäblich »im Bild«, das auf diese Weise von innen heraus dekonstituiert wird.

Wer hier nur die Relikte einer überkommenen Schreibweise sieht, die es im Rahmen ständiger Progression auszumerzen gilt, muß etwa in den drei Bänden von Projekt Nr. 3 –›Eichendorffs Untergang und andere Märchen‹, ›Wenn Adolf Hitler den Krieg nicht gewonnen hätte. Historische Novellen und wahre Begebenheiten‹, ›Das Ende der Alternative. Einfache Geschichten‹ – notwendigerweise, und gerade auch im Schatten der sog. Postmoderne, das Ende der »alternativen«, experimentellen Schreibweise als besiegelt ansehen. Konsequenzen dieser Art zeigen sich ganz deutlich, wenn etwa Ernst Nef das Projekt Nr. 3 verschämt formulierend als »wichtigsten Neuansatz«[16] wertet; wenn Franz Josef Czernin mit wehmütigem Blick auf die ›Textbücher‹ »eher ›Rollenprosa‹ im traditionellen Sinn« und insgesamt »etwas wie ein Zurücknehmen des unbedingten Anspruchs«[17] konstatiert; oder wenn Jörg Drews feststellt, daß der Autor anscheinend einen »Sprung« gemacht habe, sich nicht mehr »›vorwärts‹« bewege, und anläßlich von Heißenbüttels Überlegungen zum Stichwort »Offene Literatur« argumentiert, daß das »vom Standpunkt experimenteller Schreibweisen doch auch Züge der Repression [sic] trage und des Reflexionsverlusts«[18]. Auch solche Einschätzungen resp. Verunsicherungen resultieren geradezu zwangsläufig aus dem an die Vorstellung von Fortschritt gekoppelten Avantgardebegriff. Dabei wird jedoch der Geltungsbereich des Experimentellen in spezifischer Weise eingeengt; eine historische Erscheinungsform des Experimentellen wird festgeschrieben, während andere Möglichkeiten des Experimentierens – z. B. »mit Inhalten«[19] oder mit traditionellen

Erzählformen bzw. Erzählhaltungen, wie sie für Projekt Nr. 3 charakteristisch sind – von vornherein ausgeschlossen bleiben. Wer daraufhin etwa ›Eichendorffs Untergang‹ oder ›Hornvogelgeschichte‹ – bei ›Max und Peter auf der Freudenjagd‹ wäre das u. U. schon schwieriger – als bloße »représentation«, d. h. als Darstellung von Handlung liest und die dazwischen geschobenen erzähltheoretischen Passagen lediglich als Lektüreanweisungen, muß natürlich folgern, daß hier mit dem Prinzip des aktiven Lesers gebrochen wird. Eine andere Möglichkeit bestünde darin, diese Erzählungen nach Art jener Träume zu lesen, in denen die Deutung gleich mitgeträumt wird, – eine Deutung, die durchaus nicht falsch ist, gleichzeitig aber eine Verschiebung durch die Traumzensur darstellt und damit selber zum manifesten Traum gehört. Bei einer solchen Lesart wären die metapoetischen »Auslassungen« konstitutive Elemente der Erzählung selber – und *hier* läge dann die Herausforderung an den aktiven Leser.

Die Bereitschaft, die eigenen Vorstellungen von experimentell im Blick auf eine nicht nur veränderte, sondern *unter bestimmten historischen Bedingungen* veränderte literarische Praxis daraufhin zu überprüfen, ob sie in der gegebenen Form weiterhin verwendbar sind, scheint – das dürfte der Ausflug in die Rezeptionsgeschichte von Projekt Nr. 3 deutlich gemacht haben – nicht eben groß zu sein. Statt das eigene Instrumentarium kritisch zu überprüfen, verfährt die Kritik normativ wie in jenen finsteren Zeiten der Gattungspoetik, als alle Abweichungen von der Norm negativ sanktioniert wurden, Abweichungen, die seit der ersten Literaturrevolution – der des Sturm und Drang – doch gerade zu einem der Hauptqualitätsmerkmale von Literatur wurden und sich ja auch an der Basis des »traditionellen« Avantgardebegriffs finden. Die Kritik aber verhält sich zu großen Teilen wie die Justiz, die alle Beweislast dem Angeklagten zuschiebt. Angemessener dürfte es sein, nicht eine historische Phase absolut zu setzen und als experimentell zu kanonisieren, sondern – im Fall Heißenbüttels, aber das gilt auch für andere experimentelle Autoren – das bisherige Gesamtwerk als *experimentellen Raum* zu betrachten. Im Fall Heißenbüttels würde damit zugleich der oft vermerkten Tatsache Rechnung getragen, daß bei ihm »alles mit allem« zusammenhängt. Gerade vor diesem Hintergrund zeigt die chronologische Anordnung der Texte – und sie zeigt es genauer in der Chronologie der Entstehungs-, als in der Chronologie der Publikationsdaten –, daß ›Das Ende der Alternative‹ durchaus nicht das Ende der (sprach-) experimentellen Alternative besiegelt; sie zeigt vielmehr, daß es für Heißenbüttel überhaupt keine Alternative in diesem Sinn gibt. Methoden werden entwickelt, machen anderen Platz, werden wieder aufgegriffen – wie derzeit die *Textbuch*-Idee. In diesem Zusammenhang allerdings ist es bezeichnend, daß von der Kritik etwa bei Projekt Nr. 3 mangelnde Übereinstimmung mit dem eigenen Avantgardebegriff beanstandet wurde, angesichts der neuen ›Textbücher‹ jedoch geargwöhnt wird, Heißenbüttel laufe Gefahr, sein eigener Epigone zu werden[20]. Korrekter müßte der Vorwurf lauten: Epigone einer Methode zu werden, was wiederum auf eine Konzeption zurückverweist, die – an bestimmten Originalitätsvorstellungen festhaltend – das Innovatorische nur noch im Formalen sieht und Methoden folglich als Selbstzweck betrachtet. Die grundsätzliche Frage nach der Bedeutung solcher methodischen Rückgriffe in einem veränderten historischen Kontext bleibt damit ebenso ausgeblendet wie die Frage nach der Funktion von Methoden im Hinblick auf deren »Ergebnis« – im Hinblick auf die textuelle Arbeit als Sinnkonstitution. Hier zeigt sich eine Verwandschaft mit den positivistischen Tendenzen in der Heißenbüttel-Rezeption, wie sie seit der Publikation der ›Textbücher 1–6‹ zutage treten.

Damit sind solche Untersuchungen gemeint, die sich auf die – häufig äußerst akribische – Beschreibung der formalen Organisation der Texte bzw. deren Zusammenschluß zu größeren Funktionseinheiten beschränken, damit aber auch auf jene Aspekte, über die sich relativ gesicherte, »eindeutige« Aussagen machen lassen, was sich etwa bei Döhl in der häufigen Verwendung von »fraglos« spiegelt. Im Hinblick auf eine Interpretation handelt es sich hier streng genommen jedoch lediglich um Vorarbeiten, weil die Analyse des Formalen nicht als Grundlage für die im konkreten Text erfolgende Sinnkonstitution betrachtet wird. Anders gesagt, wenn in diesem Rahmen Interpretationen stattfinden, finden sie lediglich statt als Interpretationen des Text*begriffs*. So arbeitet Döhl z. B. die verschiedenen Bedeutungs- und Bezugsmöglichkeiten des Begriffs Textbuch heraus und konstatiert dessen – wie wir heute sagen würden – Polyvalenz[21]. Signifikant erscheint dabei die Bemerkung, »Text« werde in den ›Textbüchern‹ als »Wortlaut, gegensätzlich zur Melodie verstanden. Er ist vorläufig, und es muß noch etwas zu ihm hinzukommen, um das Vollständige zu erreichen, das man im Auge hat. Daß das [...] fraglos nicht die Musik ist, daß hier nicht davon die Rede ist, daß die ›Textbücher‹ schließlich gesungen werden sollen, liegt auf der Hand. Was aber dieses Etwas ist, bleibt offen«[22] – und damit hat es sein Bewenden. Natürlich fällt es heute leichter, dieses »Etwas« zu bestimmen, wenn man nämlich z. B. mit Iser davon ausgeht, daß der Text zu seiner »Vollendung« »der vom Leser zu vollziehenden Sinnkonstitution« bedarf[23]. Was in der positivistischen Rezeption demgegenüber allenfalls in den Blick kam, war das »thematische Gefüge«, wobei gleich hinzugefügt wurde, daß das im Vergleich zu den formalen Elementen »[n]icht ganz so leicht [...] zu erkennen«[24] sei. Das »thematische Gefüge« wird zur »thematische[n] Klammer«, die letztlich nur als Beweis jenen gegenüber geltend gemacht wird, die Heißenbüttel vorwarfen, »seine Gedichte seien in ihren Teilen beliebig auswechselbar, die Gedichte selbst fielen auseinander«[25]. Dabei wird übersehen, daß der Begriff der Klammer gerade nichts über den internen Zusammenhang der Teile aussagt. Bense hat immerhin die Notwendigkeit gesehen, die Funktion der formalen Elemente zu bestimmen. Dazu empfiehlt er jedoch eine »inhaltliche« Analyse, »durch die der Kode entschlüsselt und der Kontext gelichtet wird« und fügt in ironischer Distanzierung hinzu: »Die klassische Literaturwissenschaft nennt das gern Interpretation«[26]. Demgegenüber ist nachdrücklich zu betonen, daß der »Sinn« eines Textes weder in seinem Thema noch in seinem Inhalt besteht. Und wenn Bense schließlich andeutet, »daß, inhaltlich gesehen, die Texte mindestens stückweise eine Selbstdarstellung zum Ausdruck bringen, einen Mann kargen Worts, aber kompakter Intelligenz, einen ständig reduzierenden Rhapsoden« und dann auf das »dahinterstehende« »transzendentale Ego Helmut Heißenbüttel«[27] verweist, zeigt sich, daß Benses informationstheoretischer Ansatz lediglich einem traditionellen, letztlich autorzentrierten Verständnis von Interpretation aufgesetzt ist.

Vor diesem Hintergrund erscheint es bezeichnend, daß

Heißenbüttels allgemein theoretische Äußerungen wie auch seine »Pro-domo«-Kommentare offenbar nur selektiv zur Kenntnis genommen wurden. Dabei hat er immer wieder darauf hingewiesen, daß Sprache nicht nur Material, sondern gleichzeitig auch »ein Mittel ist, etwas, welches das, was zum Vorschein und zum Bewußtsein kommen will, vermittelt«. Im Gegensatz zu den Mitteln der anderen Künste umfaßt Sprache »einen weiten und vielfach differenzierten Bedeutungsbereich«[28]. In dieser Perspektive ist etwa ›das Sagbare sagen‹ nicht nur die gewissermaßen positive Entsprechung zu der metapoetischen Äußerung, die Suche nach Methoden sei der »Versuch, ein erstesmal einzudringen und Fuß zu fassen in einer Welt, die sich noch der Sprache zu entziehen scheint. Und die Grenze, die erreicht wird, ist nicht eine zum Nichts, zum Sprachlosen, zum Chaos [...], es ist die Grenze zu dem, was noch nicht sagbar ist.«[29]

Formal operiert ›das Sagbare sagen‹ mit verschiedenen Arten der Wiederholung. Im ersten Zeilenblock wird die Infinitivkonstruktion wiederholt; dabei variieren Substantiv und Verb von Zeile zu Zeile, während *innerhalb* der einzelnen Zeile das Verb seinerseits das Substantiv wiederholt, – eine Stilfigur, die in der literarischen Rhetorik als etymologische Figur bezeichnet wird. Der zweite Zeilenblock wiederholt die Substantive des ersten Blocks, und zwar in der dort vorgegebenen Reihenfolge. Darüber hinaus hat der zweite Block ein eigenes Konstruktionsprinzip, das in der Negation dieser Substantive besteht. Die letzte Zeile des Gedichts bildet gewissermaßen einen eigenen Block, der sich aus den Elementen der jeweils letzten Zeile der vorangegangenen Blöcke zusammensetzt und dessen Konstruktionsprinzip eine Kombination der beiden zuvor verwandten Konstruktionsprinzipien darstellt, also Infinitivkonstruktion plus – in diesem Fall doppelte – Negation, wobei die doppelte Negation in ihrem »Aussagekern« dem des ersten Zeilenblocks entspricht. Nach der Auflistung dessen, was »möglich« ist, wird im zweiten Zeilenblock gewissermaßen der Blick auf das geöffnet, was dort offen blieb. Dem korrespondiert die Tatsache, daß der im ersten Block verwandte Infinitiv einerseits zwar in der ihm inhärenten appellativen Funktion aktiviert wird, als *Grundform* des Verbs gleichzeitig aber auch »offen« ist. Auf das Verb – und sei es in der Grundform –, das innerhalb des Satzes die Funktion des Prädikats übernimmt, wird im zweiten Block konsequent verzichtet, weil das, was »nicht sagbar«, »erfahrbar« etc. ist, allenfalls als solches benennbar, nicht aber im eigentlichen Sinn prädikabel ist. Darauf scheint die Wiederholung der Negation zu verweisen. Nun dient aber die Wiederholung allgemein wie auch die besondere Form der etymologischen Figur mit der für sie charakteristischen Stammwiederholung der »Intensivierung der semantischen Kraft«[30]. Da der Text in so auffälliger Weise mit Wiederholungen und Variationen bzw. mit der Variation des Prinzips der Wiederholung arbeitet, wäre bei einer metapoetischen Lesart dieses Textes zu schließen, daß das Verfahren als Signans fungiert und das Semantische be-deutet, dessen Prozeßcharakter und damit potentielle Unabschließbarkeit akzentuiert werden. In der Perspektive dieses Lesebuchs wäre damit jeder Text wie jeder Versuch einer Sinnkonstitution notwendigerweise ein »Bruchstück«, – anders gesagt, jeder Text und jede seiner Lesearten lediglich der »Versuch einer Rekonstruktion«.

In bezug auf den ersten und letzten Text dieses Bandes ist zugleich ein weiteres Auswahlprinzip angedeutet: Der Chronologie ihrer Entstehung folgend, wurden die einzelnen Texte so ausgewählt, daß die fortlaufend gelesenen Titel eine Art synthetischen Text ergeben, der als Titelcollage diesem Band vorangestellt ist. Dadurch sollte eines der wichtigsten Verfahren Heißenbüttels – die Montage von Vorgefundenem, Vorformuliertem – und gleichzeitig dessen Funktion anschaulich gemacht werden, d. h. es sollte »demonstriert«[31] werden, wie durch Zusammen*stellungen* disparater sprachlicher Materialien Zusammen*hänge* entstehen, Sinn plötzlich aufleuchtet, sich aber auch wieder entzieht. Die Sinnkonstitution würde damit als Prozeß einsehbar, der gebunden ist an die Materialität der Signantien. Lacans Feststellung entsprechend, »que c'est dans la chaîne du signifiant que le sens *insiste*, mais qu'aucun des éléments de la chaîne ne *consiste* dans la signification dont il est capable au moment même«[32], würde es also gar nichts nützen, die Elemente in ihrem ursprünglichen Kontext aufzusuchen, um den »Sinn« dieser Collage zu erschließen.

Daraus wären z. B. auch Konsequenzen zu ziehen im Hinblick auf eine neue Lesart und damit möglicherweise auch eine Neubewertung von ›D'Alemberts Ende‹, Heißenbüttels Projekt Nr. 1. Ähnlich wie ›Kombinationen‹ und ›Topographien‹ in der ersten Rezeptionsphase hauptsächlich als Reservoir benutzt wurden, um »im Vergleich mit den Entwicklungen der modernen Malerei die Kriterien für die ›Abstraktionen‹ einer ›konstruktiven Lyrik‹«[33] zu bestimmen, und die ›Textbücher‹ Auslöser für allgemeine texttheoretische Überlegungen waren, diente ›D'Alemberts Ende‹ häufig nur als Anlaß, um die Möglichkeit von »Literaturcollagen als experimentelle[n] Großformen«[34] zu diskutieren, eine Diskussion, die im wesentlichen zu einem negativen Ergebnis führte. In dieser Konzentration auf das Konstruktionsprinzip als solches deutet sich bereits an, was Jeziorkowski in bezug auf Projekt Nr. 3/2 als »schnell durchschaute[n] und sich durchschauende[n] Trick« bewertete, »vielleicht für ein paar Tage lang neu und avantgardistisch, bis die Mode durchschaut ist«[35]. Das bedeutet indessen nur die Weigerung des Rezensenten, sich auf den Text einzulassen. Hartung z. B. hat sich auf den Text eingelassen, kommt jedoch zu dem Ergebnis: »Indem Heißenbüttel [durch die Montage] das Zitat seinem Kontext entzieht, verabsolutiert er dessen Gehalt«[36]. Dabei übersieht oder leugnet er, daß die ihrem ursprünglichen Kontext entzogenen Zitate ihrerseits einen neuen Kontext ausbilden, was offenbar mit Hartungs Kontextbegriff zusammenhängt. So schreibt er: »Während Thomas Mann von einer ›phantastischen Mechanik‹ spricht, die bewirke, daß wie in Panoramen ›das handgreiflich Reale ins perspektivisch Gemalte und Illusionäre schwer unterscheidbar übergeht‹, ist solche Vermittlung keineswegs Heißenbüttels Absicht.«[37] Hier wird deutlich, daß Kontext für Hartung offenbar nur im Zusammenhang mit einer Literatur der »représentation« vorstellbar ist. Darin besteht ja gerade eine der Merkwürdigkeiten des ›Doktor Faustus‹, daß zu Beginn der Konzeption eine »gänzliche[] Fraglichkeit von Form, Handlung, Vortragsart, ja Zeit und Ort«[38] bestand, der Roman dann aber gerade zu einem Musterbeispiel der »représentation« wurde, deren Ziel Thomas Mann selber folgendermaßen beschreibt: »so, daß es wirklich schien [...], daß man daran *glaubte* (und nicht weniger als das verlangte ich von mir)«[39]. Ein solches Ziel dürfte in der Tat nicht in Heißenbüttels Absicht gelegen haben. Er siedelt sein Projekt vielmehr jenseits der »représentation« an, genau genommen müßte man sagen, daß er es dort *hin*führt. Ähnlich wie bei dem Traditionsbruch der frühen Gedichte bleibt die Tradition als Folie erhalten, als Hintergrund, vor dem sich der Bruch vollzieht. Dies geschieht zunächst durch die Personen, die nur anskizziert werden, und durch die Handlung, die lediglich als Rudiment erscheint, d. h. weitgehend durch Dialoge ersetzt wird, die ihrerseits weitgehend aus Zitaten bestehen. Dadurch, daß vor allem im Mittelteil dieselben Zitate verschiedenen Personen »in den Mund« gelegt werden, haben die Personen im Unterschied zum traditionellen Roman gewissermaßen keine »eigene Stimme«. Die Zitate sind vielmehr selber Stimmen in jenem polyphonen Dialog, als den Julia Kristeva den intertextuellen Raum bezeichnet hat: »pluralité des langues, confrontation des discours et des idéologies, sans conclusion et sans synthèse – sans ›monologisme‹, sans point axial«[40]. Das Heraustreten aus dem Bereich der »représentation« läßt sich besonders gut am ersten Kapitel studieren, das beginnt wie Goethes ›Wahlverwandtschaften‹, wobei jedoch signifikante Verschiebungen erfolgen. Während sich etwa Goethes Personen noch unmittelbar in der Landschaft bewegen, die von ihnen verändert wird und zugleich ihren Lebensraum darstellt, wird die Landschaft bei Heißenbüttel nur noch durchfahren, statt verändert, betrachtet oder »rekapituliert«. Darin liegt ein Verlust an bzw. ein Verzicht auf Unmittelbarkeit, es erfolgt eine Distanzierung, die sich auf die Darstellung insgesamt auswirkt. Sehr bezeichnend in diesem Zusammenhang ist die Verschiebung auf der »personalen« Ebene, die zu einer Verschiebung von der Ebene der Personen auf die des Erzählens wird. Heißenbüttels Ottilie spricht einen »fremden Text« (was zugleich als metapoetischer Hinweis aufzufassen ist), die Worte, die ihr in den Mund gelegt werden, spricht bei Goethe nicht Ottilie, sondern Charlotte (was wiederum als Hinweis darauf gewertet werden kann, daß der Eigenname durch keinerlei personale Identität mehr gedeckt wird, also die Subjektproblematik anschneidet). Außerdem wird Goethes Ottilie »tout court« bei Heißenbüttel zu Ottilie Wildermuth, d. h. es erfolgt eine Verschiebung von Romanfigur zu historischer Person, ähnlich übrigens, wie an die Stelle von Goethes symbolischer Parklandschaft genaue topographische Beschreibungen treten. Unter dem Gesichtspunkt der Intertextualität tritt damit der Goethe-Text in Beziehung zu den Erzählungen der Wildermuth[41]. Damit wird eine Art Erzählraum[42] des 19. Jahrhunderts eröffnet (der sich dann ins 18. und 20. Jahrhundert erweitert), wo Goethe neben Ottilie Wildermuth steht, wie im 20. Jahrhundert Anna Blume neben Eugenie Marlitt[43]. Durch das Aneinanderschneiden unterschiedlichen Sprachmaterials löst Heißenbüttel gewissermaßen ein, was der Naturalist Emile Zola wollte. Im Zusammenhang mit dem Begriff experimentelle Literatur wird ja immer wieder darauf verwiesen[44], daß Zola der erste war, der in ›Le Roman expérimental‹ die Beziehung zwischen Literatur und (naturwissenschaftlichem) Experiment hergestellt hat. Gewöhnlich zeigt sich jedoch, daß über die äußere Begriffsgleichheit hinaus kein Weg von Zola zu den modernen experimentellen Autoren führt. Zola wollte seine Romanfiguren qua Beobachtung aus dem »wirklichen Leben« beziehen, sie dann im Rahmen eines – zu erfindenden – Settings einer bestimmten Situation aussetzen und abschließend wieder beobachten: wie sie sich in dieser Situation verhalten würden. Der Irrtum Zolas bestand darin, daß er sozusagen seinen Kopf mit einem Reagenzglas verwechselte. Was er wollte, konnte nicht gelingen, weil er sein Experiment auf der Ebene der Figuren ansetzte, weil er im Rahmen der »représentation« blieb. Wenn Heißenbüttel demgegenüber Zitate montiert, wobei sich die Intentionalität auf die Auswahl beschränkt, das konkrete Zusammentreffen aber dem Zufall überlassen wird, läßt sich in der Tat etwas beobachten, was *vor* dem Experiment lediglich eine Hypothese war: daß Sprachelemente wie chemische Elemente reagieren, sich gegenseitig abstoßen oder – Wahlverwandtschaften eingehen. Dem Leser könnte es dabei allerdings ergehen wie einem Fremden, der erst hinzutritt, wenn das Ergebnis im Reagenzglas bereits vorliegt. Mit anderen Worten, wenn es weitgehend vom Zufall abhängt, welche Zitate man identifizieren kann und welche nicht, kann man immerhin den Fingerzeigen nachgehen, die vom Autor gegeben werden. Das Thomas-Mann-Zitat, das ›D'Alemberts Ende‹ als Motto vorangestellt ist, enthält einen so deutlichen Hinweis, daß er offenbar deswegen so gründlich übersehen wurde[45]. Thomas Mann stellt seinerseits dem »Roman eines Romans« ein

Motto aus ›Dichtung und Wahrheit‹ voran, über seine Intentionen zum ›Faustus‹ schreibt er, es sei ein Werk, »das, Bekenntnis und Lebensopfer durch und durch, keine Rücksichten kennt und, indem es als gebundenste Kunst sich darstellt, zugleich aus der Kunst tritt und Wirklichkeit ist. Und doch ist diese Wirklichkeit wiederum auf die Konzeption bezogen, in gewissen Fällen mehr dieser als der Wahrheit verantwortlich, überlegen und scheinhaft«[46]. Heißenbüttel seinerseits bezieht sich jedoch nicht auf ›Dichtung und Wahrheit‹, sondern auf ›Die Wahlverwandtschaften‹, also jenen Roman, dessen Bedeutung erst im 20. Jahrhundert erkannt wurde und der »beispielhaft für eine moderne Kunst« ist, »die sich in wachsendem Maße von der subjektiven Erlebnisaussprache entfernt«[47]. Im Schnittfeld zwischen ›Wahlverwandtschaften‹ und ›Faustus‹ wie auch im Bezug zu d'Alembert, dessen Autobiographie in dem Kapitel ›D'Alemberts Selbstportrait‹ verarbeitet wurde, könnte man ›D'Alemberts Ende‹ als »quasiautobiographisch« bezeichnen. Der Quasiautobiographie im Gegensatz zur Autobiographie entspräche die Verwendung der Montage. Die Montage wird vordergründig ja gern als Konsequenz aus der Tatsache angesehen, daß »alles bereits gesagt« ist, erweist sich hier jedoch als Konsequenz aus der Tatsache, daß – mit Freud – das Ich nicht mehr Herr ist im eigenen Haus, daß – mit Lacan – alle Sprache die der anderen ist, daß sich – mit Heißenbüttel – das Subjekt auf ein »Bündel Redeweisen«[48] reduziert. Die Montage verbindet ›Textbuch 6‹ mit ›D'Alemberts Ende‹, ›quasiautobiographisch‹ mit ›Wahlverwandtschaften‹; zwischen ›D'Alemberts Ende‹ und ›Die Goldene Kuppel des Comes Arbogast‹ bestehen direkte intertextuelle Bezüge in Form von Eigenzitaten und deren Weiterbearbeitung. Wer allerdings dem bürgerlichen Helden oder dem »transzendentalen Ego Helmut Heißenbüttel« hinterherjagt, wird – siehe Blooms ›Doomsday‹ – am Ende möglicherweise einem ›Staatsbegräbnis‹ beiwohnen oder sich auf die Feststellung beschränken müssen: ›Generalmusikdirektorjedenfalls‹. Zu einem Zeitpunkt, wo die Bände von Projekt Nr. 3 und ›Die Goldene Kuppel‹ sehr unumwunden als autobiographisch diagnostiziert und sogar die ›Textbücher 1–6‹ in »einem genauen Sinne [...] autobiographisch«[49] genannt werden, wäre anzumerken, daß Heißenbüttel bereits in den frühen 60er Jahren, als das Autobiographische im Gegensatz zu heute literarisch noch vollkommen verpönt war, festgestellt hat, daß die »Verweigerung symbolischer Ausdrucksweise« im modernen Gedicht »durch eine sprachliche Reproduktion der Welt« ersetzt wird. Die Welt werde »als Sprachwelt inventarisiert«, wobei die Gliederung topographisch-chronologisch erfolge: »Topographisch, das bedeutet die Bindung an Örtlichkeiten, die quasi [!] real im Gedicht erscheinen, deren Realität sich in eine unmittelbar vokabuläre überträgt«. »Chronologisch, das bedeutet einmal Rekapitulation historischer Faktizität«, »bedeutet aber auch eine gleichsam [!] tagebuchartige Bindung an das Leben des Autors«[50]. Damit hätten die autobiographischen Elemente eine ganz ähnliche Funktion wie die »Zitate« von Eigen- und Ortsnamen, Musikstücken und Bildtiteln oder eben die Zitate aus voraufgegangener Literatur: die Funktion von Material, das in seiner textuellen Verarbeitung – »in den Text gestorben«[51] – einen neuen Kontext ausbildet. Das heißt, es kommt – wie Heißenbüttel in einer Marx-Reminiszenz gern zu formulieren pflegt -, nicht darauf an, Texte zu durchschauen, sei es nun im Hinblick auf das Verfahren oder im Hinblick auf autobiographische Elemente, »weil ich, von dem ich schreibe, geschrieben nicht ich ist«[51].

Bense hat Heißenbüttels Texte nach zwei Gruppen klassifiziert und die eine dem Vokabular-, die andere dem Frequenzstil[52] zugeordnet. Der Leser wird wahrscheinlich auch zwei Gruppen wahrnehmen, sie aber nach dem jeweiligen Lektürewiderstand unterscheiden. Wie bei anderen experimentellen Autoren auch[53] gibt es bei Heißenbüttel Texte mit einem extrem hohen Lektürewiderstand, z. B. ›Einsätze‹, und Texte, die anscheinend gar keinen Widerstand aufweisen wie ›der Mann der lesbisch wurde‹ oder ›Bremen wodu‹. ›Bremen wodu‹ wirkt geradezu wie eine mimetische Darstellung von Alltagssprache, von Alltagskommunikation. Zwei unterhalten sich. Der eine will etwas wissen, das sich der andere peu à peu aus der Nase ziehen läßt. Das Gespräch progrediert in Fragmenten, die immer weiter ergänzt werden, ohne daß jedoch die Sache, um die es geht, ausgesprochen würde, und endet in einer offenen Pointe. An dieser Stelle springt der Text zurück zum Titel, der in »wodu« ein phonetisches Homonym enthält. Wer den Titel nur hört –

aber auch beim Lesen dürfte die Zusammenschreibung eher auffallen als die Kleinschreibung -, wird vermutlich »Wodu« verstehen und, je nachdem, amüsiert oder verwundert auf die etwas absonderliche Verknüpfung reagieren, die hier zwischen dem in Haiti verbreiteten synkretistischen Geheimkult mit seinen erotisch-ekstatischen Identifikationsriten und dem ganz geläufigen Namen der norddeutsch-kühlen Hansestadt hergestellt wird. »Wodu« zu verstehen, impliziert eine Lektürehypothese, die vermutlich nach den ersten Zeilen wieder aufgegeben wird, sobald sich nämlich herausstellt, daß der Text eine Sequenz alltagssprachlicher Kommunikation darstellt und dabei in der graphischen Form das für die gesprochene Sprache insgesamt charakteristische Sprechen in Wortblöcken abbildet. Spätestens ab Zeile 17 wird allerdings die inzwischen verworfene Hypothese wieder auftauchen. Damit tritt neben das im Text dargestellte Frage-und-Antwortspiel ein Spiel mit der Erwartungshaltung des Lesers: eine Erwartung wird aufgebaut, zerstört und dort, wo mit der Erfüllung nicht mehr zu rechnen war, bestätigt,- die Schlußpointe verweist auf eine Orgie in hanseatischem Maßstab. In paradoxer Formulierung könnte man sagen, daß der Text durch das generiert wird, was in ihm nicht vorkommt. Der Verhörer oder Verleser »Wodu« setzt die Hypothesenbildung in Gang und enthält gleichzeitig das Konstruktionsprinzip: Im Begriff des Wodu ist der des Synkretismus impliziert (»synkretistischer Geheimkult«, wobei sich das Geheime in die Geheimniskrämerei des zweiten Sprechers umsetzt). »Synkretismus« ist nach Auskunft des Duden die Vermischung verschiedener Religionen, Weltanschauungen etc., ohne daß eine innere Einheit erreicht würde. Diese fehlende innere Einheit zeigt sich in den beiden heterogenen Elementen des Titels. Daß aber gleichwohl eine Vermischung stattfindet, setzt sich dann im Text durch die Vorstellung von Bremen als »Klein-Haiti« um. Diese Vorstellung impliziert aber wiederum, daß der Begriff Wodu hier nicht mehr in seiner ursprünglichen Bedeutung als religiöser Kult, sondern nur noch im übertragenen Sinn als Orgie verstanden wird. Aufgegriffen wird die ursprüngliche Bedeutung dann in der Schlußpointe: Weihnachten erscheint zunächst in seiner säkularisierten Bedeutung als Familienfest, wobei jedoch durch die angedeutete moralische Entrüstung auf die Moral als Bindeglied zwischen Religion und Familie angespielt wird, denen »Sex« als »Gegenteil« gegenübersteht. – Was sich zunächst als witzige Abbildung von Alltagskommunikation mit leicht skabrösem Inhalt präsentiert und reflektierend auf deren sprachliche Besonderheiten ausgerichtet erscheint, erweist sich schließlich als »vokabelgeneriert«, ähnlich wie etwa Heines ›Karl I.‹ auf dem Wort »Köhlerglaube« basiert.

Wie in ›Bremen wodu‹ wird auch in den ›Einsätzen‹ etwas ausgespart. Der entscheidende Unterschied besteht aber darin, daß sich hier das Ausgesparte einer Ergänzung und der Text sich damit dem Verstehen entzieht. Darin ähneln die ›Einsätze‹ überraschenderweise einem Text wie ›der Mann der lesbisch wurde‹, obwohl dieser im Prinzip aus grammatisch vollkommen korrekten Sätzen besteht. Daß sie sich gleichwohl dem verstehenden Nachvollzug verweigern, kommt durch die Schachtelung der Relativsätze zustande, deren Anzahl von Satz zu Satz erhöht wird. Zusätzlich erschwert wird das Verständnis dadurch, daß möglichst viele gleiche Satzteile unmittelbar aneinandergesetzt sind. Die Funktion von Relativsätzen besteht in der genaueren Bestimmung eines vorangegangenen Substantivs. Bei ›der Mann der lesbisch wurde‹ zeigt sich die Begrenztheit dieser Regel. Man könnte im Sinn Heißenbüttels geradezu von einer »Demonstration« sprechen: die zunehmende Genauigkeit steht in einem umgekehrt proportionalen Verhältnis zum Verstehen. Soviel versteht man aber doch: daß der Mann nicht weiß, was er will. Am Ende von sieben (!) »Denk-Operationen« ist immer noch kein neues Geschöpf entstanden, so daß man ihm geradezu empfehlen möchte, sich zu wünschen, er wäre Teiresias. In dieser Perspektive ist das Konstruktionsprinzip schnell durchschaut, der psychischen Verwirrung des Mannes entspricht das am Ende kaum mehr aufzudröselnde Gewirr der Relativsätze. Damit entsprächen sich »Form« und »Inhalt«, und damit könnte es sein Bewenden haben. Vielleicht wird man noch anmerken, daß auch dieser Text sehr witzig ist und auf einem Einfall beruht, der in den frühen 60er Jahren einigermaßen ungewöhnlich angemutet haben muß – bevor die Neue Frauenbewegung die trotzige Parole »ich bin glücklich, eine Frau zu sein« herausgab, hat der Text möglicherweise gewirkt wie die Geschichte vom Schwan, der ein Entlein sein wollte. »Mann« und »Frau« implizieren aber nicht nur einen sozialen, sondern auch einen sexuellen Gegensatz. Hier erscheint es sinnvoll, den Punkt aufzusuchen, wo sich das Semantische mit dem Grammatischen im engeren Sinn verbindet. »Gern etwas sein wollen« drückt semantisch einen Wunsch aus, der grammatisch den Konjunktiv, den Irrealis, erfordert. Dieses Irreale wird im Text dann durch die Konditionalsätze noch weiter verstärkt. Mann und Frau sind jedoch nicht nur sexuelle Gegensätze, sondern normalerweise auch Gegenstand des sexuellen Begehrens des jeweils anderen. Vor diesem Hintergrund würde das in »ich wäre gern« implizierte allgemeine Wünschen spezifiziert als Begehren. Als Text über das Begehren ist ›der Mann der lesbisch wurde‹ aber zugleich auch ein Text über das Subjekt, das seine Autonomie im Sinn der idealistischen Philosophie verloren hat und ganz wörtlich ein subiectum ist, ein der Struktur seines Begehrens Unterworfenes. Diese Subjekterfahrung ist nach Heißenbüttel zusammen mit dem Verlust des »Weltplans«[54] die eigentliche Ursache für die die Moderne bestimmende Erkenntnis, »daß das alte Grundmodell der Sprache von Subjekt – Objekt – Prädikat nicht mehr standhält«, weil dieses Modell darauf beruht, »daß es immer etwas gibt, auf das sich alles bezieht, und etwas anderes, das diesem Bezugspunkt gegenübersteht«[55]. In dieser Perspektive läßt sich ›der Mann der lesbisch wurde‹ lesen als ein Text, in dem die Gegensätze und die festen Bezugspunkte aufgebrochen werden und am Ende ununterscheidbar ist, wer wer ist und was wohin gehört. Das bedeutet dann allerdings auch, daß das Antigrammatische[56] nicht die zentrale Kategorie ist, mit der sich die Reaktionen auf das als untauglich erkannte Grundmodell beschreiben lassen. Ein Text wie ›der Mann der lesbisch wurde‹ zeigt vielmehr, daß die Zertrümmerung der traditionellen Syntax nur eine Möglichkeit ist, die andere aber darin besteht, das alte Modell durch Überdehnung, d. h. mit seinen eigenen Mitteln von innen her auszuhöhlen. – Die Vertracktheiten, die der Titel impliziert, können hier nur noch angedeutet werden. In Verbindung mit dem Text wird man »lesbisch« wahrscheinlich als Synonym für »Frau sein« und damit als im übertragenen Sinn gebraucht verstehen. »Lesbisch« gehört nun aber zu jenen wenigen Vokabeln, die, wie etwa

»Schwangerschaft«, in Übereinstimmung mit der Sache ausschließlich auf Frauen angewandt werden können (in dieser Hinsicht enthielte ›der Mann der lesbisch wurde‹ Überlegungen zur Frauensprache avant la lettre). Hier stellen sich dann Fragen ein, bei denen der Logik einige Bocksprünge abverlangt werden. Hätte nicht der Mann, der lesbisch wurde, um dies werden zu können, zunächst das werden müssen, wozu er sich im Text dann doch nicht entschließen kann? Wenn aber eine Lesbierin eine Frau ist, »die Frauen liebt«, wäre dann der Mann, der lesbisch wurde, im Grunde nicht geblieben, was er war, ein »Mann, der die Frauen liebte«? Oder wenn man, was der Sprachgebrauch vorerst noch verweigert, »lesbisch« genauso verwenden würde wie »homosexuell«, also auf Frauen wie Männer anwendbar, wäre der Text dann nicht ein Traum, in dem der Wunsch von der Zensur auf sein Gegenteil verschoben worden wäre, d. h. der Traum eines Mannes, der sich seiner Homosexualität nicht bewußt ist?

Mit dem Wort »Einsätze« verhält es sich ähnlich wie mit dem Begriff »Textbuch«, es ist mehrdeutig. Dabei scheint jedoch das Motto – »Ein Satz : Einsatz : Einsätze« – darauf hinzuweisen, daß der Einsatz hier jeweils in einem Satz besteht, wobei dann alle Sätze etwa wie das Einsetzen verschiedener Instrumente oder Stimmen in einem Musikstück zu verstehen wären, was wiederum auf eine bestimmte kompositorische Absicht hindeuten würde. Heißenbüttel hat die »Einsätze« verschiedentlich kommentiert und sie als einen Versuch bezeichnet, »aus Wortverschleifungen und kopulalosen Reihungen jeweils ein einziges Satzgebilde«[57] herzustellen. Die Frage ist dann allerdings, worin denn das Satzhafte besteht. Handelt es sich nicht vielmehr um Reihungen von Satzbruchstücken, die verschiedenen Kontexten zu entstammen scheinen? Wird hier nicht nur einfach etwas zum Satz erklärt wie das Pissior von Marcel Duchamp zum Kunstwerk? Wenn man den Satz im Vergleich zu den Wörtern als höhere sprachliche Einheit definiert, die innerhalb einer wiederum höheren – textuellen – Einheit intuitiv als in sich geschlossen wahrgenommen wird, dürfte es sich tatsächlich um Sätze handeln, nicht aber um Sätze im Sinn der generativen Grammatik, derzufolge Sätze sprachliche Einheiten sind, die durch die Regeln der Grammatik generiert werden. Und doch wird hier etwas generiert, allem Anschein nach sogar »regelgeleitet«. Die Elemente des Mottos z.B. folgen offenbar aufgrund phonetischer und semantischer Ähnlichkeit aus einander. Zu Beginn von ›Einsatz I‹ wird (grammatisch) Gleiches durch Gleiches generiert: ein Adverb erzeugt das nächste, das (semantisch) jedoch ein Verschiedenes bzw. Komplementäres ist: »überall«, dem Adverb des Ortes, folgt »immer«, also eines der Zeit, zusätzlich wird das erste Element wiederholt. Bei »je und je« handelt es sich ebenfalls um Adverbien. Hier liegt das Verschiedene jedoch nicht mehr im Wortkörper, sondern ausschließlich in der Bedeutung: »je« kann sowohl »jeweils«, als auch »jemals« heißen. Dadurch wird der in »immer« vorgegebene Zeitaspekt aufgegriffen, aber auch »punktualisiert« und in Gegensätzliches gefaßt: »jemals« bedeutet »irgendwann« und damit einen allgemeinen, unbestimmten Zeitpunkt, »jeweils« aber »jedesmal«, in einem bestimmten Zusammenhang auch »immer«, wäre damit also eine Verstärkung des allerersten Adverbs. Als feststehender Ausdruck heißt »je und je« soviel wie »dann und wann«, würde seinerseits also »je« als »jemals« aufgreifen, den unbestimmten Zeitpunkt gleichzeitig aber als wiederholbar bezeichnen. Die vierte Minisequenz »morgens mittags und abends sogar im Büro« setzt die Reihe der Zeitadverbien fort, wobei nach der allgemeinen Zeit (»immer«) und dem unbestimmten, aber wiederholbaren Zeitpunkt (»jemals«, »je und je«) relativ genaue (nämlich Tages-) Zeiteinheiten folgen. Durch den Kontext hat »sogar im Büro« zeitlichen Charakter, obwohl es seiner Herkunft nach eine Ortsangabe ist und damit am Ende der Adverbienreihe auf ihren Beginn (»überall«) zurückverweist. Deutlich ist insgesamt eine Bewegung vom Allgemeinen zum Besonderen, das seinerseits jedoch kein konkretes, sondern ein so allgemein wie möglich gehaltenes Besonderes ist. Ähnlich in der folgenden Sequenz, in der der unbestimmte Artikel von einem Demonstrativpronomen gefolgt wird. Nachdem in übergeordnet-»philosophischer« Perspektive die Koordinaten von Raum und Zeit abgesteckt sind und sich in »sogar im Büro« ein alltäglicher Lebenszusammenhang andeutet, scheint der Text auf etwas Konkretes zuzusteuern – oder ist es nur die an traditionelle Texte gewöhnte Erwartung des Lesers? Wenn Heißenbüttel feststellt, daß die Teile der einzelnen Satzgebilde »so beschaffen sind, daß sie unmittelbar vor der metaphorischen Verdoppelung haltmachen«[58], wird hier anscheinend sogar noch vor der Benennung als solcher haltgemacht. Statt ein von der Grammatik her erwartbares Substantiv nach sich zu ziehen, scheint das Demonstrativpronomen für einen Moment selber zum Substantiv (»ein Dies«) zu avancieren, also zum potentiellen Satzsubjekt. Durch »dies ist ein« wird dann gewissermaßen vorgemacht, daß – Literatur »es mit nichts anderem als mit Sprache zu tun hat«[59], daß sich aus zwei Wörtern (fast) ein Satz bilden läßt. Das hinweisende »dies« impliziert eine Situation, in der auf eine Sache ge*zeigt* wird, was wiederum impliziert, daß die Sache *da* ist. Genau diese Situation wird beschworen, die »Sache« jedoch verweigert, was darauf hinweist, daß es hier nicht um eine bestimmte Sache, sondern um die Zeigesituation selber geht. Insgesamt wirkt der erste »Einsatz«, als vergewissere sich hier jemand der Sprache, indem er durchprobiert, was sie an Möglichkeiten bereit hält, was sich mit Wörtern machen läßt. Zwei Wörter lassen sich zu einer übergeordneten Einheit zusammenschließen, umgekehrt lassen sich aus einem Wort aber auch zwei machen, »einzel« wird zu »ein Zel« – vielleicht ist »Zel« aber auch aus »Zelle« entstanden, so wie Jean-Pierre Verheggen dem Himmel (»ciel«) eine Himmelin (»cielle«) zur Seite gestellt hat –, »Metaphern« werden zu »meta fern«. Das ist nicht nur formale Spielerei, denn durch die Veränderung des Sprachmaterials entsteht neuer Sinn, entsteht zugleich aber auch das, was vermieden werden sollte. Der Metaplasmus, d. h. die von der Norm abweichende Schreibung, weist darauf hin, daß hier mit der überkommenen Vorstellung von Literatur gebrochen wird, derzufolge die Metapher eines der wichtigsten, wenn nicht das wichtigste poetische Mittel überhaupt ist. Damit aber wird das wörtlich verstandene »meta fern« – selber zur Metapher. Dieses Risiko wird allerdings eingehen, wer sich ernsthaft auf die Sprache einläßt. Anders gesagt, die – vermutlich – unfreiwillige Metapher macht die Erfahrung des modernen Subjekts als eines *nicht* freien, *nicht* autonomen unmittelbar anschaulich. »Die Herrschaft der Sprache über die Geister ist offenbar«, heißt es im 209., A.W. Schlegel zugeschriebenen Athenäums-Fragment, wobei aber hinzugefügt wird, daß daraus keineswegs »ihre heilige Unverletzlichkeit«[60] folge. Wichtig für die Interpretation ist, daß man die Wörter nicht von vornherein als »Stellvertreter« behandelt. Gerade auch im Hinblick auf seine eigenen Arbeiten schreibt Heißenbüttel, »daß schon das meiste gewonnen ist, wenn man wörtlich liest, ohne Erwartung dessen, was gewohnt ist. Was man wörtlich nimmt, gibt oft seinen Sinn her, ehe man ihn sagen kann. [. . .] Man muß sich nur erst einmal mit solchen Gebilden eingelassen haben«.[61]

Vor diesem Hintergrund empfiehlt es sich also nicht, die Texte im Sinn Benses als »abstrakte Texte« zu behandeln: »Alles Abstrakte ist inhaltlich unabgeschlossen, das heißt man kann etwas einsetzen, um den Text inhaltlich, bedeutungsmäßig, intentional zu saturieren [. . .]. Wenn Heißenbüttel z. B. im ›Traktat‹ schreibt: ›Wenn die Art von Ding wo ich drin bin aufgehört hätte und ich könnte reden und erzählen und sagen so und so und dies Ding in dem ich drin gewesen bin das ist das und das und fängt da an und hört da auf . . . usw.‹, so kann man z. B. für ›Ding‹ den Ausdruck ›Welt‹ und für ›so und so‹ oder für ›das ist das und das‹ beliebige [!] Aussagen einsetzen«[62]. Das dürfte mißverstandener Valéry sein, das berühmte Diktum »Mes vers ont le sens qu'on leur prête«[63] ohne seinen Kontext. Aus dem Kontext geht nämlich unmißverständlich hervor, daß es sich hier nicht um einen Freibrief für absolute Beliebigkeit handelt; Valéry betont vielmehr, daß es nicht nur eine – damit aber auch keine »richtige« – Lesart gibt, die des Autors als einzig richtige schon gar nicht. Daß es keine richtige Interpretation im Sinn von nur einer möglichen gibt, heißt indessen nicht, daß jede einzelne Interpretation nicht »in sich« »richtig« sein müßte. Werden für die Wörter des Textes nämlich beliebig andere eingesetzt, wird die Interpretation zur freien Assoziation. Der Fehler liegt in der damit implizierten Gleichsetzung von Leser und Analysand. In der psychoanalytischen Sitzung wird der Analysand zu freier Assoziation aufgefordert, um so gewissermaßen seinen Text zu produzieren, der damit deutbar wird. Wenn der Leser frei assoziiert, produziert er ebenfalls *seinen* Text, verfehlt damit aber den Gegenstand seiner Lektüre. Der Psychoanalytiker – um im Bild zu bleiben – fängt ja nicht seinerseits an, frei zu assoziieren, sondern deutet. Der Sinn ist dabei nicht beliebig, sondern gebunden an die Matrix des Textes[64]. Das heißt: lese ich z. B. in ›Einsatz V‹ zu Beginn »Ton«, komme ich in meiner Texterkenntnis keinen Schritt weiter, wenn ich dabei etwa »Die Glocke, Glocke tönt nicht mehr« – ein Kindererlebnis – assoziiere. Vielmehr muß ich die Bedeutung von »Ton« im Text selbst aufsuchen. Dabei greife ich, um mich gegen meine Assoziation zu schützen, vielleicht zum Lexikon und stelle fest, daß »Ton« a) etwas »(beim Antrocknen) Dichtwerdendes« bezeichnet, ein »besonders zur Herstellung von Töpferwaren verwendetes lockeres, feinkörniges Sediment«, sowie b) eine »vom Gehör wahrgenommene gleichmäßige Schwingung der Luft«. Mit dieser Doppelhypothese ausgestattet, werde ich zunächst probieren, ob die beiden Bedeutungen auch zwei verschiedene, jeweils in sich konsistente Lesarten der Gesamtsequenz ermöglichen. Methodisches Vorbild wäre hier etwas Rastiers Mallarmé-Interpretation[65], die, bedingt durch die homonyme Textstruktur, gleich drei parallele Lesarten vorstellt. Der literaturwissenschaftliche Narzißmus wie auch das naturwissenschaftlich basierte Wissenschaftsverständnis dürften durch solche Analysen, die »aufgehen«, beträchtlich gestärkt werden – und durch einen Text wie ›Einsätze‹ empfindlich verletzt. Bei ›Einsatz V‹ zeigt sich nämlich, daß die Sequenz insgesamt »tonhaft« im Sinn eines »Dichtwerdens‹ ist, das sich einer säuberlichen Trennung der in »Ton« implizierten Bedeutungen verschließt. Der Unterschied zwischen z. B. einem Mallarmé-Gedicht und einem postsymbolistischen Text wie ›Einsätze‹ dürfte vor allem darin bestehen, daß sich keine festen und verbindlichen Zuordnungen mehr treffen lassen, was wiederum auf die Subjektproblematik verweist. An die Stelle des klar voneinander Abgrenzbaren tritt vielmehr ein Gleiten von einer Bedeutung zur anderen. »Ton« zu Beginn von ›Einsatz I‹ scheint die Bedeutung »Tonerde« zu aktivieren, Ton als ein Material, das mit den Händen bearbeitet, von den Fingern geformt wird. Der Text erzeugt hier offenbar über phonetische Assoziationen (von »Ton« zu »Town«) semantische Reihen – Material und »Werkzeug«, aber auch Material und »Produkt«, denn aus Tonerde werden z. B. Ziegel hergestellt, die ihrerseits zum Bau von Häusern und Städten dienen. Die Textbewegung verläuft dabei vom Einfachen zum Komplexen, vom »Kleinen« zum »Großen«: »town« –

»land«, »Finger« – »Hände«. Der Übergang von »Händeland« zu »handlang« scheint ähnlich wie der Übergang von »Ton« zu »town« phonetisch motiviert zu sein, obwohl in »handlang« beide Elemente weitergeführt werden: »Hände« wird in »hand« unmittelbar aufgegriffen, während »lang« und ›Land‹ lediglich ein gemeinsames Sem, das der Erstrekkung, besitzen. Mit »Kadenzen« erfolgt dann der Übergang von einer Bedeutung zur anderen. »Kadenz« ist zum einen ein literaturwissenschaftlicher Terminus, der die Form des Versausgangs bezeichnet. In dieser Bedeutung schließt »Kadenzen« die erste Untersequenz ab, und zwar – strikt vom Wort her gesehen – »klingend«, im Übergang also zur musikalischen Bedeutung. Über »erinnern an«, »Anerinnern Handerinnern« – hier zunächst wiederum phonetisch motiviert – kehrt der Text zu seinem Ausgangspunkt zurück, ohne sich mit diesem Ausgangspunkt jedoch völlig zu dekken. Damit erscheint der Text selber als »kreisend«, kreist herum »um bestimmte Kadenzen«, die als »bestimmte« bezeichnet werden, sich aber – ähnlich ›Einsatz I‹ – einer eindeutigen Bestimmung entziehen, so daß ein »Rest« bleibt. »Rest« bedeutet allerdings keine »›Verschlüsselung‹ irgendwelcher Art«[66]. Wenn Heißenbüttel kürzlich für Texte plädiert hat, die »den Blick öffnen auf das, was offen bleibt«, so entspricht das dem, was er schon in den 60er Jahren – allerdings ohne gehört zu werden – als den »nicht-rationalisierbare[n] Rest der Sprachkombinatorik«[67] bezeichnet hat: »Die Unauflösbarkeit des Offenbleibenden ist so unendlich wie seine mögliche Auflösbarkeit.«[68]

Renate Kühn

Anmerkungen

1 Helmut Heißenbüttel: ›Der Triumph des Texts. Schuldts Akronyme: ‚Mamelucken antworten'‹. In ›Süddeutsche Zeitung‹ vom 6. 12. 1984
2 Harald Hartung: ›Experimentelle Literatur und konkrete Poesie‹. Göttingen (Vandenhoeck & Ruprecht) 1975, S. 5
3 Otto Lorenz: ›Helmut Heißenbüttel‹. In Heinz Ludwig Arnold (Hg.): ›Kritisches Lexikon zu deutschsprachigen Gegenwartsliteratur‹. München (edition text + kritik), 3. Nlg., S. 4
4 Arthur Rimbaud: ›Œuvres‹ (Brief an Paul Demeny vom 15. 5. 1871). Paris (Garnier) 1960, S. 347 (»Vervielfacher des Fortschritts«)
5 Reinhard Döhl: ›Helmut Heißenbüttel. Ein Versuch‹. In ›Wort in der Zeit‹ Nr. 6, 1966, S. 62
6 ebd. S. 56
7 ebd. S. 62
8 ebd.
9 Hartung a. a. O., S. 57
10 ebd., S. 56
11 ebd., S. 57
12 Helmut Heißenbüttel: ›Zusätze zur ‚Fabrikation der Fiktionen'‹. In Carl Einstein: ›Die Fabrikation der Fiktionen‹. Reinbek bei Hamburg (Rowohlt) 1973, S. 9
13 Ich verweise hier auf Heißenbüttels jüngste Lesart der ›Fabrikation der Fiktionen‹, derzufolge dieser Text nicht das Ende von Einsteins literarischer Produktion darstellt, sondern ein anderer Ausdruck seines »Textbegehrens« ist. Vgl. dazu Helmut Heißenbüttel: ›Die schlimme Botschaft. Werk und Leben Carl Einsteins‹. In ›Sprache im technischen Zeitalter‹ 94, 1985, S. 156–164
14 Dieter Roth: ›Ein Tagebuch‹. Reykjavik (Dieter Roth Verlag) 1984, S. 5
15 Döhl a. a. O., S. 62
16 Ernst Nef: ›Moderne Literatur: Helmut Heißenbüttels neue Werke. Kritische Annäherung an Erfahrung‹. In ›Universitas‹ 36. Jg., H. 7, 1981, S. 722
17 Franz Josef Czernin: ›der Schatten den ich werfe ist der Schatten den ich werfe. Versuch einer Annäherung an das Werk Helmut Heißenbüttels‹. In ›Die Presse‹ Nr. 9514, 7./8. 12. 1979
18 Jörg Drews: ›Erzählungen nach der Logik des Kalauers‹. In ›Süddeutsche Zeitung‹ vom 18. 10. 1978
19 Helmut Heißenbüttel: ›Wenn Adolf Hitler den Krieg nicht gewonnen hätte‹. Stuttgart (Klett-Cotta) 1979, S. 24
20 Lutz Hagestedt: ›Sinn und Struktur. Das achte Bielefelder Colloquium Neue Poesie‹. In ›Süddeutsche Zeitung‹ vom 25. 5. 1985
21 Döhl a. a. O., S. 56

22 ebd., S. 54
23 Wolfgang Iser: ›Der Akt des Lesens‹. München (Fink) 1956, S. 175
24 Döhl a. a. O., S. 64
25 ebd., S. 63
26 Max Bense: ›Helmut Heißenbüttels ‚Textbuch 2'‹. In ›augenblick‹ 3/4, 5. Jg., 1961, S. 108
27 ebd.
28 vgl. Helmut Heißenbüttel: ›Über Literatur‹. München (Deutscher Taschenbuch Verlag) 1970 (im folgenden abgekürzt als ÜL), S. 207
29 ebd., S. 211
30 Heinrich Lausberg: ›Elemente der literarischen Rhetorik‹. München (Hueber) 1982, S. 91
31 vgl. dazu Heißenbüttel ÜL, S. 214f
32 Jacques Lacan: ›Écrits‹. Paris (Éd. du Seuil) 1966, S. 502 (»daß der Sinn in der Signifikantenkette *insistiert,* daß aber nicht ein Element der Kette seine *Konsistenz* hat in der Bedeutung, deren es im Augenblick gerade fähig ist«: Übersetzung nach Norbert Haas (Hg.): Jacques Lacan: ›Schriften II‹. Olten, Freiburg (Walter-Verlag) 1975, S. 27)
33 Rainer Rumold: ›Sprachliches Experiment und literarische Tradition. Zu den Texten Helmut Heißenbüttels‹. Bern (Lang) 1975, S. 10
34 Hartung a. a. O. S. 84ff.; vgl. auch Bodo Heimann: ›Experimentelle Prosa der Gegenwart‹. München (Oldenbourg) 1978, S. 65ff
35 Klaus Jeziorkowski: ›In der Nase gebohrt‹ In ›Frankfurter Allgemeine Zeitung‹ vom 19. 1. 1980
36 Hartung a. a. O., S. 87
37 ebd.
38 Thomas Mann: ›Doktor Faustus. Die Entstehung des Doktor Faustus‹. Frankfurt/M. (Fischer) 1981, S. 695
39 ebd., S. 707 (Hervorhebung vom Autor selbst)
40 Julia Kristeva: ›Une poétique ruinée‹. In Mikhail Bakhtine: ›La poétique de Dostoïevsky‹. Paris (Ed. du Seuil) 1970, S. 15 (»Pluralität der Sprachen, Konfrontation der Diskurse und Ideologien, ohne Schlußfolgerung und ohne Synthese – ohne ›Monologismus‹, ohne Achsenpunkt«)
41 Wildermuth-Zitate werden z. B. in Kapitel I. 3. (Ottilie Wildermuth: ›Werke‹. Stuttgart [Adolph Krabbe] o.J., S. 134) und in Kapitel III. 5. (Ottilie Wildermuth: ›Vom armen Unstern‹. Stuttgart, Berlin, Leipzig [Union Deutsche Verlagsgesellschaft] o.J., S. 3) verarbeitet. Interessant in diesem Zusammenhang ist, daß Wildermuths Geschichte ›Vom armen Unstern‹ ihrerseits in einem intertextuellen Bezug zu Uhland steht.
42 Heißenbüttel (›Zur Tradition der Moderne‹. Neuwied, Berlin [Luchterhand] 1972, S. 379) spricht seinerseits von einer »Sprachgegend mit verschiedenen Sprachräumen«.

43 Helmut Heißenbüttel: ›Nicht Marlitt oder Anna Blume, sondern Marlitt und Anna Blume. Rekonstruktion der Tradition‹. In ders.: ›Von fliegenden Fröschen, libidinösen Epen, vaterländischen Romanen, Sprechblasen und Ohrwürmern‹. Stuttgart (Klett-Cotta) 1982, S. 87ff

44 vgl. etwa Hartung a. a. O., S. 9 und Stichwort »experimentelle Dichtung« in: Meyers Enzyklopädisches Lexikon

45 Hartung ist m. W. der einzige, der dem Hinweis nachgegangen ist, wobei er sich allerdings auf das Problem der Montage beschränkt, ohne nach weiteren Intentionen zu fragen.

46 Mann a. a. O., S. 739

47 Paul Böckmann, zit. nach ›Kindlers Literaturlexikon‹. Bd. VII. Weinheim (Zweiburgen Verlag) 1982, S. 10119

48 Heißenbüttel ÜL, S. 202

49 Gisela Dischner: »›Während ich erzählt werde erzählt sich das zu Erzählende‹. Zu Helmut Heißenbüttels autobiographischem Entwurf in den ›Textbüchern‹«. In ›Text + Kritik‹ 69/70 (Helmut Heißenbüttel), S. 38

50 Heißenbüttel ÜL. S. 155

51 Helmut Heißenbüttel: ›Autobiographie‹. In ›Textbuch 9‹. Stuttgart (Klett-Cotta) 1986, S. 69

52 Bense a. a. O., S. 103

53 vgl. dazu Renate Kühn: ›M wie Mayröcker (Schnee-Eule)‹. In ›Literatur für Leser‹ 85/1, S. 1ff

54 Heißenbüttel ÜL, S. 129

55 ebd. S. 208

56 ebd., S. 135

57 ebd., S. 216

58 ebd.

59 ebd., S. 207

60 Friedrich Schlegel: ›Kritische Ausgabe‹. Bd. II. Paderborn (Schöningh) 1967, S. 197

61 Heißenbüttel ÜL, S. 217

62 Bense a. a. O., S. 107

63 Paul Valéry: ›Œuvres‹. Bd. I. Paris (Éd. Gallimard) 1957, S. 1509 (»Meine Verse haben den Sinn, den man ihnen zuerkennt«)

64 vgl. Jean-Louis Baudry/Jean Ristat: ›Pour une littérature matérialiste‹. In ›Les Lettres Françaises‹ vom 20. 1. 1971

65 François Rastier: ›Systématique des isotopies‹. In A.J. Greimas (Hg.): ›Essais de sémiotique poétique‹. Paris (Larousse) 1972, S. 80ff

66 Heißenbüttel ÜL, S. 211

67 ebd., S. 203

68 ebd., S. 204

Bibliographische Nachweise
(Erstdruck bzw. derzeit lieferbare Ausgabe)

›Bruchstück 1‹, aus: ›Kombinationen‹, Eßlingen (Bechtle) 1954

›das Sagbare sagen‹, ›Einsätze‹, aus: ›Textbuch 1‹, Stuttgart (Klett-Cotta) 1980

›In Erwartung des roten Flecks‹, aus: ›Textbuch 2‹, ebd.

›Hinterm Zaun‹, aus: ›texte 1954/56‹, Linz (Neue Texte 30), 1984

›Politische Grammatik‹, aus: ›Textbuch 2‹, Stuttgart (Klett-Cotta) 1980

›Evergreens‹, ›Gedicht über die Übung zu sterben‹, aus: ›Textbuch 3‹, ebd.

›Rücksprache in gebundener Rede‹, ›Zusammensetzungen‹, aus: ›Textbuch 4‹, ebd.

›der Mann der lesbisch wurde‹, ›Bremen wodu‹, ›die Zukunft des Sozialismus‹, aus: ›Textbuch 5‹, ebd.

›quasiautobiographisch‹, aus ›Textbuch 6‹, ebd.

›Wahlverwandtschaften‹, aus: ›D'Alemberts Ende‹, Frankfurt/Berlin/Wien (Klett-Cotta im Ullstein Taschenbuch) 1981

›23 Nachtrag‹, aus: ›Die Goldene Kuppel des Comes Arbogast‹, Stuttgart (Klett-Cotta) 1979

›Eichendorffs Untergang‹, ›Linguistenherbst‹, aus: ›Eichendorffs Untergang und andere Märchen‹, Stuttgart (Klett-Cotta) 1978

›Max und Peter auf der Freudenjagd. Rekonstruktion und Nacherzählung eines Plans‹, aus: ›Wenn Adolf Hitler den Krieg nicht gewonnen hätte‹, Stuttgart (Klett-Cotta) 1979

›Hornvogelgeschichte‹, aus: ›Das Ende der Alternative‹, Stuttgart (Klett-Cotta) 1981

›Landschaft mit Wörtern‹, ›Seeufer oberhalb Biel nachts‹, ›Zweitschriftgedicht‹, aus: ›Ödipuskomplex made in Germany‹, Stuttgart (Klett-Cotta) 1981

›Einäugigenherbst‹, ›Baumherbst‹, aus: ›mehr ist dazu nicht zu sagen‹, Stuttgart (Klett-Cotta) 1983

›Oktober mit Eduard Mörike‹, ›Gedicht von Innenleben mit Sigmund Freud‹, aus: ›Textbuch 8‹, Stuttgart (Klett-Cotta) 1985

›Der Zwischenfall im Institut für Psychohygiene‹, ›Versuch einer Rekonstruktion‹, aus: ›Textbuch 9‹, Stuttgart (Klett-Cotta) 1986.

Inhalt*

* Reihenfolge der Auswahl nach der Entstehungszeit

Lyrik im dtv

dtv 1653

dtv 10299

dtv 10099

dtv 6344

Wolfgang Bauer:
Das Herz
dtv 6356

Charles Bukowski:
Gedichte 1955-1977
dtv 10234, 10267, 10332

Mascha Kaléko:
In meinen Träumen
läutet es Sturm
dtv 1294
Heute ist morgen
schon gestern
dtv 10102

Sarah Kirsch:
Katzenkopfpflaster
dtv 10506

Günter Kunert:
Warnung vor Spiegeln
dtv 10033

Helmut Lamprecht
(Hrsg.):
Wenn das Eis geht
Ein Lesebuch
zeitgenössischer Lyrik
dtv 10365

Else Lasker-Schüler:
Helles Schlafen –
dunkles Wachen
dtv 1616

Christa Reinig:
Die Prüfung des
Lächlers
dtv 6301

Jutta Schutting:
Liebesgedichte
dtv 6346